沖縄
そば

監修者――五味文彦／佐藤信／高埜利彦／宮地正人／吉田伸之

［カバー表写真］
普天間基地（宜野湾市）

［カバー裏写真］
糸満市摩文仁にある平和の礎（いしじ）と
沖縄県平和祈念資料館

［扉写真］
国道58号上を飛ぶ
米軍のF15ジェット戦闘機

日本史リブレット 66

現代日本と沖縄

Arasaki Moriteru
新崎盛暉

目次

日本であって日本でない沖縄

沖縄▲は、日本の四七都道府県の一つである。沖縄県の人口は、約一三九万人（二〇一〇年現在）で日本全体の約一パーセント、面積は二二七五平方キロで日本全体の約〇・六パーセントにすぎない。しかし、この沖縄は、日本のなかでもきわめて独自性の強い歴史をもつ地域であり、沖縄には、その独自の歴史に培われた個性の強い文化がある。また、日本のほとんどが、温帯に位置しているのに、沖縄は亜熱帯に位置していて、自然環境の上でも、独特の景観を示している。

沖縄には、毎年、全国から、五〇〇〇万人を越える観光客がやって来る。その多くは、沖縄の自然環境に魅《ひ》かれてやって来るといってもいいだろう。

▼**沖縄と琉球**　沖縄（沖縄式に発音すればウチナー）は、沖縄島を指す自称。琉球は、中国人が琉球王国の版図や文化圏を指す言葉として使った。沖縄県の設置以来、沖縄が琉球の範囲を指す言葉としても使われるようになった。現在では、その時代の雰囲気を反映しながら、沖縄大学、琉球大学、沖縄タイムス、琉球新報などのように使われている。

また最近では、一種のエスニック・ブームもあるのか、沖縄民謡に基礎をおく琉球《りゅうきゅう》音楽の旋律に魅力を感じる若者たちが急増している。沖縄出身のタレントたちも増え、多方面で活躍している。沖縄を舞台にしたテレビドラマなども数多く放映されている。そこには、独自な沖縄の歴史や、伝統的な文化の痕跡《こんせき》を残す沖縄の日常生活や県民性が（コミカルにやや誇張されすぎる場合もあるが）、描かれている。それは、単なるエキゾチシズムを越えた現代沖縄の「内なる個性」ともいえる。

こうした側面からだけみると、亜熱帯特有の景観を持ち、独自の歴史に培われた個性的文化を育む沖縄のイメージは、明るく平和である。沖縄を「癒《いや》しの島」とよぶ人たちもいる。

一方、那覇空港におり立った観光客が空港から市街地へ向かう道の右側には、自衛隊基地の金網が、左側には、米軍の軍港の金網が延々と続く。沖縄は、なによりもまず軍事基地の島である。いまなお、日米安保条約に基づく在日米軍基地の約七四パーセントは、日本全体の面積のわずか〇・六パーセントしかない沖縄に集中しているのである。

そして、六十数年前、沖縄は戦場だった。再建された琉球王朝の王城・首里《しゆり》城の下には、沖縄戦のときの日本軍の司令部壕入口が、ぽっかりと口を開けている。沖縄を占領した米軍は、二七年もの長い間沖縄を軍政下に置き続けた。一九七二（昭和四十七）年、日本に返還された後も、沖縄は、日米安保体制とよばれる日米同盟の軍事的拠点であり続けている。

戦後の日米関係と沖縄の地位に関する、主として国際政治学者の研究成果は数多い。また、民衆運動に関する記録も少なくない。だが、これらを総合した、とくに一九七二年以降の沖縄現代史に関する歴史的叙述は必ずしも多くはない。こうしたことを踏まえながら、ここでは、琉球処分に始まる沖縄近代史を前史として視野の内に入れながら、「現代日本において沖縄とは何だったのか」を問い返すことを通して、現代日本のありようを考えてみたい。

▼**冊封関係**　中国皇帝の冊封(王位を認める辞令)を受けて王位につくという儀礼的関係。冊封関係に伴う進貢貿易の利益が、この国際秩序を支えていた。

①──近代日本と沖縄──琉球処分から沖縄戦へ

琉球処分と旧慣温存政策

一八五三(嘉永六)年七月、浦賀に四隻の黒船がやって来た。日本の開国を求めるアメリカ大統領の親書を持ったペリーの艦隊である。その二カ月前、ペリーは琉球に立ち寄っていた。幕府があくまで開国を拒んだ場合には、良港を持つ琉球諸島を占領しようと考えていたからである。一六〇九(慶長十四)年の島津氏の琉球侵入以来、実質的に琉球は、薩摩藩の支配下にありながらも、独立国家の体裁を与えられ、中国との冊封《さっぽう》関係▲を保っていた。そうすることが、薩摩藩にとっても徳川幕府にとっても、有益だと考えられていたからである。

しかし明治維新によって、近代国家日本が成立すると、琉球を、明確に日本の版図に組み込むことが必要になった。それは、対清《しん》(中国)関係からいっても、琉球支配層に対する説得という点からいっても、慎重に、なしくずし的にすすめる必要があった。明治政府は、全国的な廃藩置県の翌年(一八七二〈明治五〉年)、とりあえず琉球国を琉球藩にし、琉球国王・尚泰《しょうたい》を琉球藩王にして、ほかの旧大名(封建領主)と同様、華族の一員に加えた。

同時に開国後初めておかれた各国の公使に、琉球の外交事務は日本の外務省が行なうと通告した。というのも琉球はすでに、アメリカ、フランス、オランダなどとの間に徳川幕府が結んだと同じような琉米修好条約等の条約を結んでいたからである。

十九世紀になると、アメリカやヨーロッパの国々の軍艦や商船、捕鯨船などが、日本や琉球の近くに頻繁に姿を現すようになっていた。一八四四(弘化元)年と四六年には、琉球にフランスの軍艦がやってきて、和親、通商、キリスト教布教の三点を高飛車な態度で要求していた。▲アヘン戦争直後のことである。

このことは、琉球だけでなく、薩摩藩や幕府をも驚かせた。そこで幕府は、「琉球は日本の区域の外にある外藩だから、キリスト教の布教は認めないとしても、貿易を認めるのはやむをえない」ということにした。幕府は、琉球を外藩として日本から切り離し、そこで欧米列強の進出をくい止めようという姑息な方法をとったのである。

一方、幕府からこのような方針を引き出した島津氏は、諸外国との貿易の利

▼**アヘン戦争**　一八四〇年、イギリスが、中国(清)のアヘン密輸取り締まりを口実にしかけた戦争。中国の半植民地化の起点となり、日本にも衝撃を与えた。

益を独占するだけでなく、軍備強化にもこれを利用しようとして、フランスと軍艦を買う交渉をしたりもした。当時の島津氏や薩摩藩士にとっては、日本という国の利益よりも、自藩の利益が優先していた。彼らにとっては、自藩こそが「くに」だったのである。日本という国家への帰属意識や(日本)民族意識が国民の間に強まるのは、近代国家における国民教育の結果だといっていいだろう。

ところで、琉球を日本の版図に組み込むことを意図していた明治政府にとって、都合のよい事件が、一八七一年に起こった。台風にあって遭難し、台湾に漂着した宮古島住民のうち五四人が台湾の原住民族に殺害されるという事件が、発生した。生き残った人たちは、中国系住民に助けられ、翌七二年送り返されたが、明治政府は、日本国属民である琉球藩民を殺害した台湾原住民族の懲罰を清に要求した。清国がとりあわなかったので、明治政府は、一八七四年、台湾に軍隊を派遣して、原住民族の部落を攻撃し、これを正当な行為であると清(中国)に認めさせた。台湾出兵▲は、近代国家日本による最初の海外派兵であった。

明治政府は、清が、台湾原住民族に対する日本の懲罰行動を認めたことをも

▼**台湾出兵**　一八七一年末、宮古島の年貢運搬船の一隻が那覇からの帰途台湾に漂着、乗組員五四人が台湾の原住民族に殺害されるという事件が起こった。明治政府は、この事件を琉球が日本であることを主張するために利用し、台湾に出兵した。

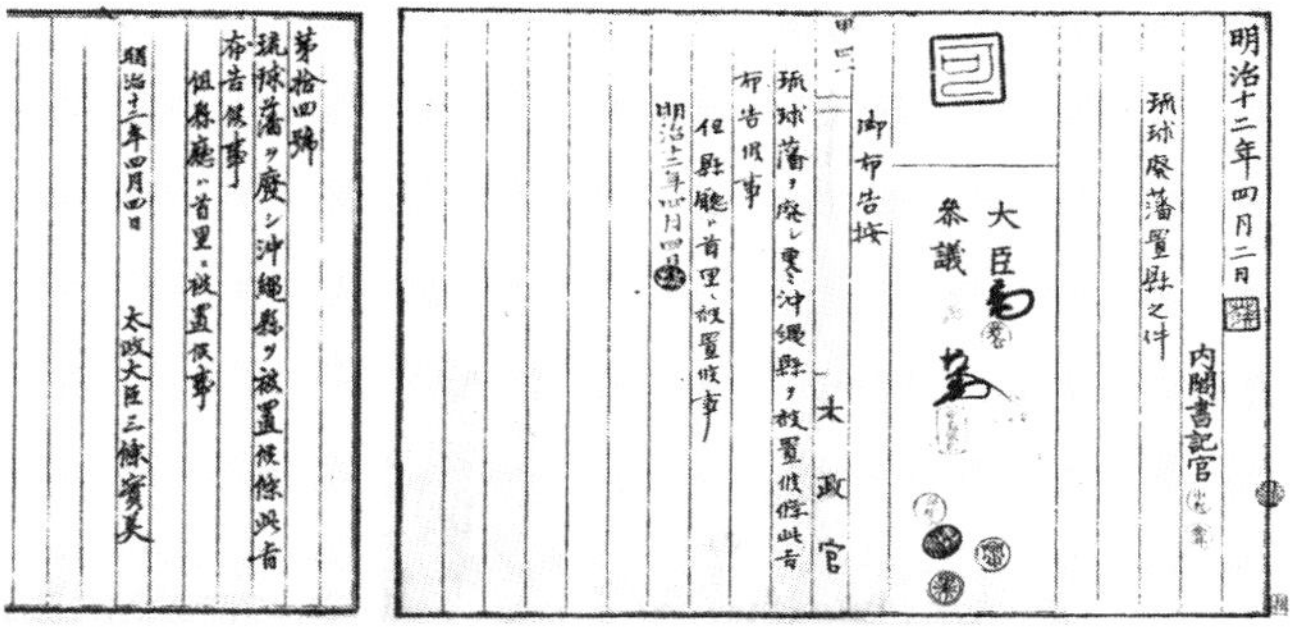
明治十二年四月二日
琉球廃藩置県之件
内閣書記官
大臣
参議
御布告按
太政官
琉球藩ヲ廃シ更ニ沖縄県ヲ被置候条此旨布告候事
但県庁ハ首里ニ被置候事
明治十二年四月四日

第拾四号
琉球藩ヲ廃シ沖縄県ヲ被置候条此旨
布告候事
但県庁ハ首里ニ被置候事
明治十二年四月四日　太政大臣三條実美

▼琉球処分　狭くは、一八七九年琉球藩を廃して沖縄県をおいた措置を指し、広くは、その過程を指す。写真は琉球処分の通達書。

って、清が琉球を日本の領土であると認めた根拠の一つとして、さらに琉球処分▲をおしすすめることになる。一八七五年、明治政府は、琉球に対し、清との冊封・進貢関係を禁止し、藩制を一般の府県並みに改めることを要求した。琉球支配層（琉球士族）はこの要求を拒否した。これを受け入れることは、自らの支配体制を否定することになるからである。

その後、明治維新期における最大の武装反乱ともいうべき西南戦争を鎮圧した明治政府は、最終的な琉球処分に乗り出す。一八七九年、琉球処分官松《まつ》田《だ》道《みち》之《ゆき》は、一六〇〇人の警察官と四〇〇人の軍隊を引き連れて沖縄に渡り、琉球藩を廃して沖縄県を設置した。

琉球処分を行なうに当たっての明治政府の大義名分は、民族統一と近代化であった。しかし、旧琉球支配層にとってそれは、封建的身分にともなう社会的経済的特権の廃止を意味した。薩摩士族のような武力による反乱が不可能だった彼らは、清国の支援に期待した。琉球と冊封関係にあった清にとっても、日本による一方的な琉球処分は、容認し難かった。

清の異議申し立てに対して明治政府は、清国が、欧米列強に与えているような通商上の特権を認めるならば、宮古・八重山などの先島《さきしま》諸島を清に割き与えてもいい、という分島・改約案を提案した。分島・改約案は一度は合意されたものの、調印は棚上げされ、結局日清戦争によって事実上の決着がつくことになったのだが、明治政府は、民族統一という大義名分を掲げながら、経済的利益と引き換えに、住民ともども先島諸島を売り渡そうとしたのである。

さらに明治政府は、近代化を建て前に琉球士族の反対を押し切って琉球処分を断行しておきながら、間もなく、近代化政策を一八〇度転換させ、旧慣温存政策をとることを明らかにした。古い制度や慣習を当分維持するというこの政策は、明らかに、旧琉球支配層の懐柔を主眼とするものであった。このため沖縄では、個人の土地所有を認め、地価に対して地租を課すという地租改正も、旧支配層への金禄の支給を廃止する秩禄処分も棚上げにされた。

地租改正については、日清戦争(一八九四〜九五年)後、旧慣打破を求める農民層の運動もあって、土地整理という名称で行なわれることになった(一八九九〜一九〇三年)が、秩禄処分が行なわれたのは、実に一九一〇年のことである。つまり、旧琉球士族上層階級のみは、近代国家日本の中で、廃藩置県後三〇年

▼**分島・改約案**　明治四年に締結された日清修好条規に、欧米諸国並みの内地通商権を日本に認める規定を追加すれば、宮古・八重山を清国に譲渡するという案。

▼**秩禄処分**　封建的身分に伴う経済的特権を国債の一時支給によって廃止する措置。琉球の華士族に対しては、その実施が遅らされたばかりか、かなり優遇された。

▼**土地整理**　全国的には「地租改正」とよばれる近代的土地所有権の確立と定率地租金納制が、沖縄では「土地整理」の名で実施された。

●—土地整理のための測量

間も、明治政府から、封建的身分にともなう金禄を支給され続けていたのである。

このため、沖縄における近代化、制度的諸改革は大幅に遅れ、さまざまな歪みを残すことになった。

たとえば、日本では、一八八九年、大日本帝国憲法が発布され、同時に衆議院議員選挙法も制定されて、翌九〇年、第一回の衆議院議員選挙が実施された。しかし、沖縄では衆議院議員選挙は行なわれなかった。当時は、国税一五円を納めることによって有権者資格が与えられることになっていたが、地租改正も秩禄処分も行なわれていなかった沖縄では、誰がいくら税金を納めているかもはっきりしなかった。土地は部落の共有であり、税も、部落の共同責任で納められていたのである。

沖縄が、衆議院議員選挙に参加したのは、一九一〇年の秩禄処分後に行なわれた、一九一二(大正元)年の第一一回衆議院議員選挙からである。しかし、このときはまだ、先島諸島は選挙の対象地域からはずされ、議員定数も二名だった。宮古・八重山を含めた沖縄全域で衆議院議員選挙が行なわれ、議員定数も五名になったのは、一九二〇年の第一四回衆議院議員選挙からである。このころ、沖縄のすべての法制度は、〝本土並み〟になったといえる。

しかし、開設当初の帝国議会には、沖縄の議員がまったくいなかったわけではない。特権階級の牙城である貴族院には、設立当初から、侯爵の位を与えられていた最後の琉球国王尚泰が終身議員として参加していた。また、男爵だった尚泰の四男尚順《しょうじゅん》は、男爵同士の互選で、一九〇四年から一五年まで、貴族院議員をつとめていた。

さて、沖縄全域が完全に本土並みの制度の下に置かれるようになった時期は、ちょうど第一次世界大戦後の戦後不況期に当たっていた。東北日本の農村地帯で娘の身売りや餓死が頻発したこのころは、南の辺境沖縄の農村地帯も、ソテツ地獄とよばれるような状況、すなわち有毒植物のソテツを毒抜きして食糧にせざるをえないような状況にあった。疲弊した農村からは、貧しい農民たちが、大阪周辺や京浜工業地帯に職を求めてあふれだし、さらに遠くはハワイや南米、太平洋諸地域などへ出稼ぎに出かけた。

島の外に出た彼らの多くは、慣れない土地で生きていくために、出身地域別

●──旧式の製糖場　糖業は沖縄の基幹産業として発展したが、牛や馬を動力に使う旧式の製糖場がほとんどであった。

●──移民先ハワイでのサトウキビ刈り作業

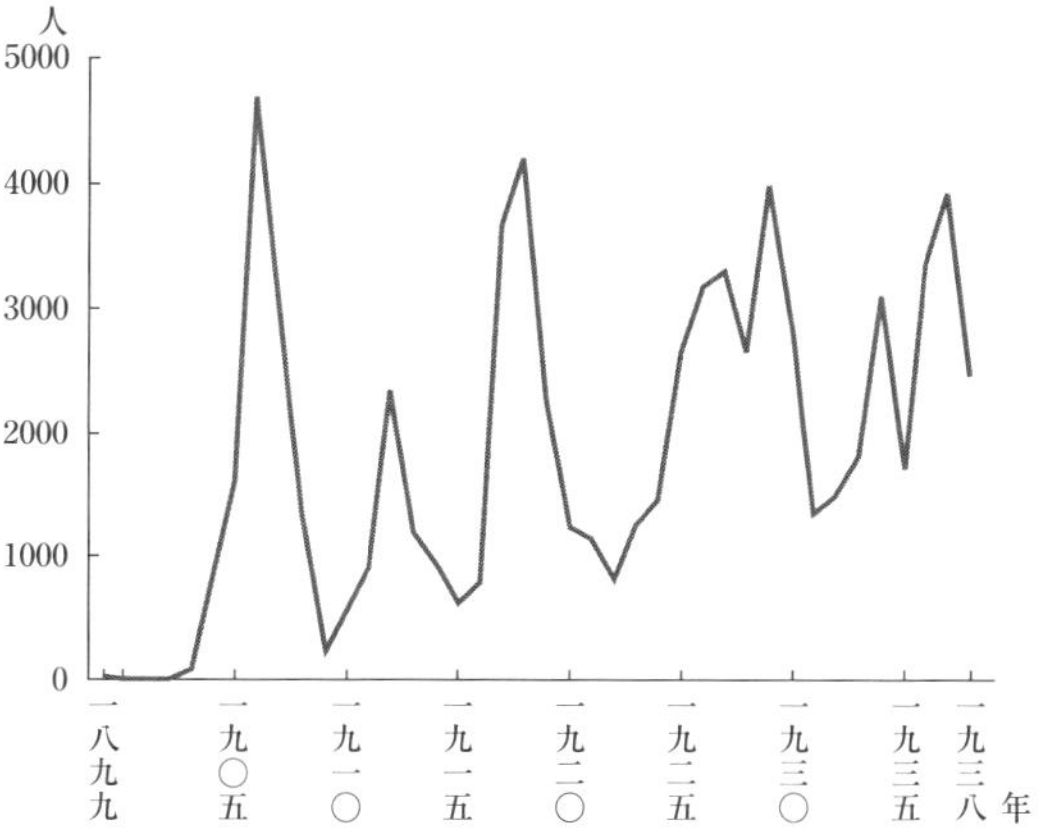

●──沖縄県出身の移民の推移

に集団をなして生活しながら、下積みの仕事に従事していた。異郷で肩を寄せ合って生活し、蛇の皮を張った三味線をかき鳴らして郷愁を癒そうとする人びとの姿は、沖縄の歴史や文化に無理解な人びとの目には、不可解なことばで話し合う異民族集団にもみえ、それが一種の民族差別に似た感情を生じさせることも少なくなかった。島津氏の琉球侵略以来、薩摩藩の直轄植民地となり、明治維新の段階で鹿児島県大島郡として位置づけられることになった奄美の人びとにとっても、事情は同じだった。

沖縄県の疲弊に対しては、一九三二(昭和七)年、沖縄県振興一五年計画▲が策定されるなどのこともあったが、戦時体制に移行するなかでこれも有名無実化し、計画の五分の一も実施されないうちに沖縄戦に突入することになった。

沖縄戦にいたる途

近代日本の歴史は、戦争に次ぐ戦争の時代であった。宮古島民殺害事件を口実とした台湾出兵の翌年(一八七五年)、明治政府は、朝鮮の首都漢城《ハンソン》(現在のソウル)近くの江華《こうか》湾に軍艦を派遣し、鎖国をしていた朝鮮に開国を迫った(江華

▼**沖縄県振興一五年計画**　疲弊した沖縄県の振興策として、一九三二年に閣議決定され、三三年から予算化された。沖縄県の国庫に対する収支差額相当額を一五年にわたって還元しようというものであったが、実施率は二〇パーセント程度と低く、やがて戦争によって中断された。

島事件)。朝鮮の開国を求める欧米列強の意向を先取りし、その尖兵となって、ペリーの砲艦外交とそっくりの軍事行動を行なったのである。

そして、清(中国)と朝鮮半島の支配権を争って日清戦争を惹き起こし、その一〇年後には、南下してくるロシアと衝突して中国東北部(満州)に勢力を拡大していく。

それから、一〇年後、ヨーロッパを主戦場とする第一次世界大戦(一九一四～一八年)が勃発すると、日本は日英同盟を根拠にしてドイツに宣戦布告し、中国におけるドイツの権益を奪っただけでなく、英・独・仏・露などが、アジアをかえりみる余裕がなくなったすきに、中国を独占的支配の下に置こうとして、二一カ条に及ぶさまざまな要求▲を中国政府に突きつけた。それは事実上、中国を日本の保護国にしようとするものだったので、中国民衆の大きな反発を巻き起こしただけでなく、欧米諸国も日本への警戒を強めるようになった(一九一〇年、すでに日本は朝鮮を併合していた)。このため、二一カ条要求は大幅に修正されざるをえなかったが、日本の中国における権益は、いちじるしく拡大・強化されることになった。同時に中国民衆の抗日・反日の気運も決定的なものに

▼**二一カ条要求**　一九一五(大正四)年、日本が中国における権益を拡大強化し、これを保護国化しようという狙いを持って中国(当時の袁世凱政府)に突きつけた諸要求。

なる。中国でも、一九一二年に清朝が倒れ、中華民国が成立していた。

第一次世界大戦は、帝国主義とよばれる段階に達していた資本主義諸国の矛盾が、全面的な利益の争奪戦というかたちで爆発したものだったが、この戦争の末期(一九一七年)、後進資本主義国として多くの矛盾をかかえていたロシアでは、社会主義をめざす革命が成功し、ソビエト連邦が生まれていた。

やがて、ヨーロッパを主戦場とするこの戦争で漁夫の利を得た日本やアメリカにも、戦後不況の波が襲い、それはやがて世界恐慌へと拡がっていく。日本はそうした状況の中で、ますます資源や市場を求めて中国大陸の支配権を拡大しようという傾向を強めた。

一九三一(昭和六)年九月、満州に駐留していた日本軍(関東軍)は、奉天《ほうてん》近くの柳条湖《りゅうじょうこ》付近で、日本が敷設していた南満州鉄道を自ら爆破し、これを中国軍のしわざとして中国軍を攻撃し、満州全域を占領した(満州事変、九・一八事変)。そして翌三二年三月、清朝最後の皇帝溥儀《ふぎ》をかつぎ出して、日本の傀儡《かいらい》国家満州国▲を建設し、ここに五族協和の楽土をつくると称して、日本からも多くの入植者を送り込んだ。

▼**満州国**　一九一一年の辛亥革命で退位を余儀なくされた清朝最後の皇帝溥儀を担いで、日本軍が中国東北部につくった傀儡国家。

満州国の建設・拡大は、国際社会の非難をあびるが、日本はこれに国際連盟の脱退で応え、孤立化の道を歩む。そして、一九三七年七月、北京郊外の盧溝橋《ろこうきょう》で夜間演習をしていた日本軍の頭上に小銃弾が飛び、兵隊一名が一時行方不明になったということを口実に、近くの中国軍に攻撃を加えた。華北一帯に勢力圏を拡大しようとしたのである。しかし、この行動に対する中国民衆の反発はこれまでにも増して激しいものだった。民衆の抗日気運に押されて、このときまで、外の敵・日本よりも、内部の敵・共産党との闘いを優先させてきた国民党の蔣介石《しょうかいせき》▲も、日本軍に徹底的に抵抗するようになった。

戦火は中国全土に拡大し、中国大陸における権益をおびやかされた米英は、蔣介石を支持して日本との対決姿勢を強め、経済封鎖を強化した。この封鎖網を打破すべく、日本の指導者たちが、清水《きよみず》の舞台から飛び下りるようにして踏み切ったのが、米英に対する宣戦布告だった。

戦争拡大の道をひたすら歩み続ける一方では、天皇の神格化がすすみ、天皇制や資本主義(私有財産制)を批判する思想や運動はきびしく弾圧され、一九二五(大正十四)年には、悪名高い治安維持法▲が制定された。天皇を中心とする日

▼**蔣介石**　孫文の後継者をもって任じ、一九二八年、南京に中華民国国民政府を建て主席となるが、反共主義的傾向が強く、一九四九年の中華人民共和国樹立以後は、アメリカに支えられて、台湾で中華民国を維持した。

▼**治安維持法**　国体(天皇制)の変革や私有財産制の否定を目的とする思想・言論・結社・運動を取り締まるため一九二五年に制定された法律。

本民族の優越性が強調され、天皇の赤子《せきし》である国民が、天皇のため、国家・民族のために命を投げ出すのは当然であり、天皇・国家・民族の存立発展の前には、国民一人ひとりの命などは鳥の毛よりも軽いものだとする教育が徹底されていった。

米英との戦争は、当時、大東亜《だいとうあ》戦争とよばれた。アジアを欧米列強の支配から解放し、ここに日本を盟主とする大東亜共栄圏▲を確立することが戦争の目的であるとされたからである。戦争の初期、日本は、電撃的な軍事行動で太平洋全域をその勢力下に収めた。

アジアの指導者の中には、アジア解放を叫ぶ日本に期待したり、あるいは、日本の軍事力を植民地支配からの独立に利用しようとする者もいた。しかし、日本の軍政下に置かれてみると、現地民衆の利益や心情は無視され、なによりもまず、日本の利益が追求され、日本的価値観(たとえば天皇崇拝)が押し付けられ、現地民衆の反発を招いた。

やがて、圧倒的に国力(生産力)にまさるアメリカは、態勢を立て直し、巻き返しに転じ、太平洋の島々を飛び石伝いに日本本土に迫ってきた。そのアメリ

▼**大東亜共栄圏**　アジアを欧米列強の植民地支配から解放し、日本を盟主とするアジア民族の共栄圏をつくろうという主張。

カが日本本土攻略の橋頭堡《きょうとうほ》として選んだのが、沖縄だった。逆にいえば、日本にとって沖縄は、本土防衛のための最後の防波堤だった。

沖縄戦の実相

一九四五(昭和二十)年三月、沖縄島周辺には、約一五〇〇隻の米艦隊が集結し、三月二十五日、いっせいに艦砲射撃を開始した。押し寄せた米軍は、地上戦闘部隊だけでも一八万余、海軍部隊・後方補給部隊を加えると五四万に及んだといわれる。これに対し日本の守備隊は約一〇万。そのうち約三分の一は、沖縄現地徴集の補助兵力だった。

四月一日、米軍は、読谷《よみたん》村から北谷《ちゃたん》町にかけての西海岸から沖縄島への上陸を開始し、沖縄島を南北に分断し、二手に分かれて北上と南下を開始した。

米軍が上陸した翌日、米軍に包囲された読谷村のチビチリガマ(ガマは自然の洞窟)で集団「自決」▲が行なわれ、八二名の人が犠牲になった。沖縄島に先立って米軍が上陸した慶良間《けらま》諸島でも集団「自決」は行なわれている。

家族同士、住民同士が殺し合う悲惨な集団「自決」は、捕虜になると女はなぶ

▼**集団「自決」**　戦場に放置された非戦闘員による集団的自決。しかし乳幼児が自らの意思で自殺することなどありえないから、絶望的状況における殺し合いとか、その背景にある「教育」、軍の関与などの本質を表現するために「自決」という言葉をカギ括弧で括ったり、「強制集団死」「強制的集団自殺」などと言い換えられることもある。

りものにされ、男は八つ裂きにされると教え込まれ、「生きて虜囚《りょしゅう》の辱《はずかし》めを受けず」という兵隊への教え（戦陣訓《せんじんくん》▲）が、民衆の間にも浸透していた結果だった。集団「自決」は、戦前の日本の教育、というよりも近代国家日本の歪んだありようを象徴するものだったから、それは必ずしも、沖縄戦にだけみられたわけではなく、旧満州で軍隊に置き去りにされた開拓団や太平洋の島々でも起きている。

チビチリガマのすぐそばのシムクガマにも多くの人たちが避難していたが、ここでは一人の犠牲者も出なかった。そこには、二人のハワイ出稼ぎ帰りの老人がいて、自分たちの体験に照らして「鬼畜米英」というヒステリックなスローガンに疑問を抱き、住民を説得して米軍に投降したからである。

さて、日本軍の主力部隊は、宜野湾《ぎのわん》の嘉数《かかず》高地から浦添《うらそえ》市の前田《まえだ》高地を中心とする丘陵地帯に地下陣地網を張りめぐらし、南下してくる米軍を待ち構えていた。嘉数高地から首里にいたる約一〇キロが、沖縄戦の主戦場だった。ここでは、文字通り日米両軍の死闘がくり返され、米軍は、この一〇キロを突破するのに、約五〇日を要している。しかし、日本軍の約七割はこの中部戦線で失

▼**戦陣訓**　一九四一年、陸軍大臣東条英機の名で全陸軍に出された戦場における将兵の心構え。

●──米軍の沖縄島上陸　沖合に集結した上陸用舟艇。

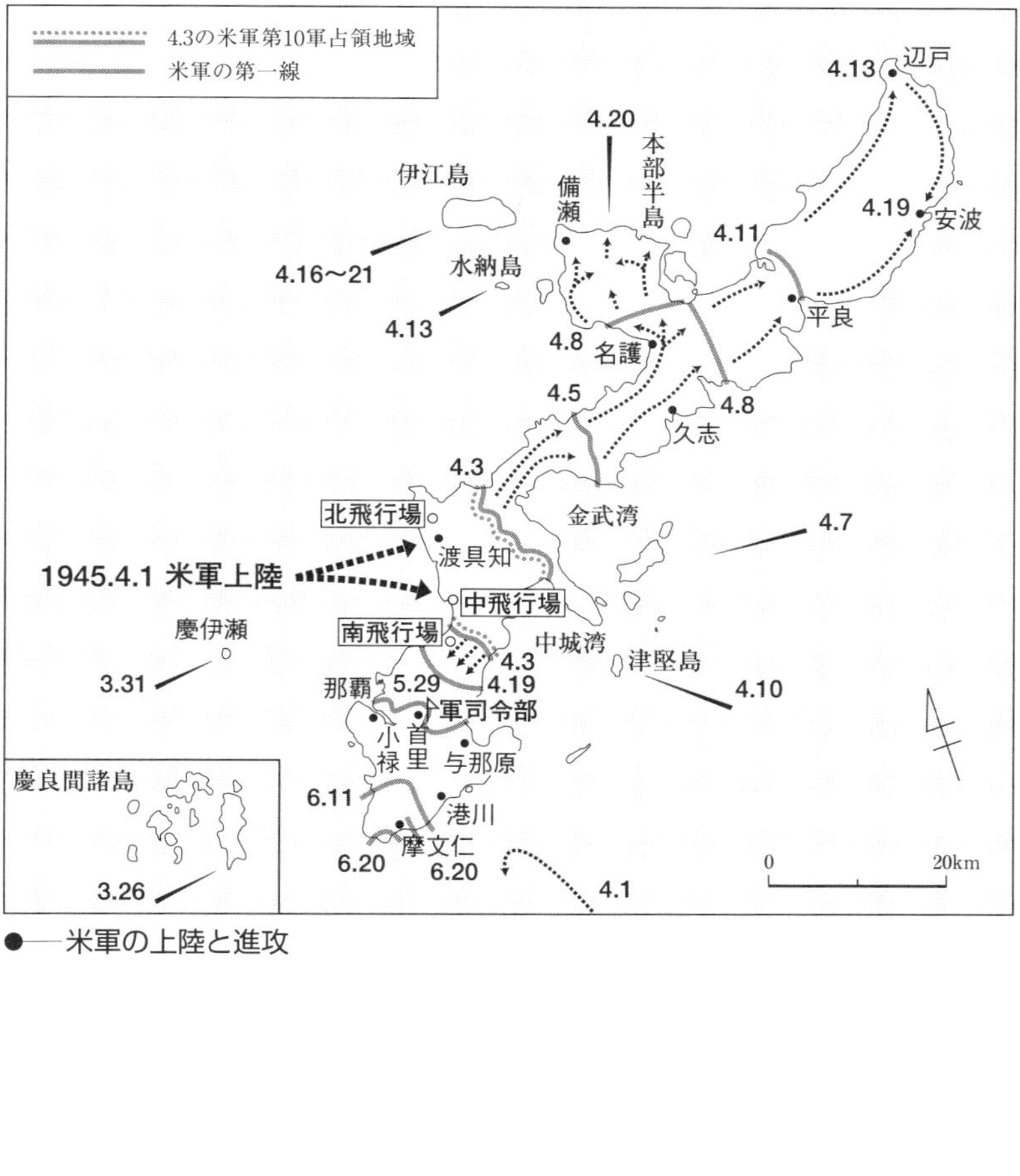

●──米軍の上陸と進攻

われ、五月末には、首里城地下の司令部も持ちこたえられなくなる。ここで沖縄戦の勝敗は決した。

降伏をしない日本軍にとっては、司令部が持ちこたえられなくなれば、万歳突撃を敢行して玉砕するというのが、従来の戦闘パターンだった。しかし、沖縄戦では、日本軍は敗残兵をかき集め、司令部を放棄して南へ落ちのびた。それは沖縄戦が、できるだけ「本土決戦」の時間をかせぎ、あわよくば、「天皇制護持」を条件とする和平交渉への道を探るための「捨て石作戦」だったからである。日本軍は、住民を巻きぞえにしながら、一日でも長く米軍を沖縄に引きとめておく必要があった。

南部には多くのガマがあり、住民の避難場所になっていた。そこに日本軍がなだれ込んできた。住民の中には、日本軍によってガマを追い出されたり、抵抗してスパイ扱いされて殺された人びともいた。

六月二十三日、日本軍司令官牛島満《うしじまみつる》▲中将は、沖縄島の南端摩文仁《まぶに》まで追いつめられて自殺した。しかし、司令官の死によって、沖縄戦が終了したわけではない。牛島司令官は死ぬ直前、「これから後は、生き残った直属上官の指揮

▼**牛島満**　陸軍中将。中国大陸を転戦の後、陸軍士官学校長を経て、沖縄防衛第三二軍司令官に着任。

●—生活の跡が残るガマの内部
ガマの一部には、今でもかまどの跡や日用品の破片が残っている。

●—ガマを攻撃する米兵
米軍は一つ一つのガマをしらみつぶしに攻撃・爆破していった。

●—壊滅した首里城　首里城地下には日本軍の司令部がおかれていた。

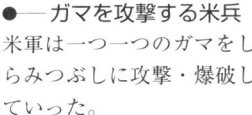

の下に最後の一兵まで戦え」と命令していたからである。

沖縄戦では、本土から来た約六万五〇〇〇の兵隊と、沖縄出身の兵隊約三万、それに民間人約九万四〇〇〇人が犠牲になったといわれる。そのほかに、朝鮮半島から軍夫《ぐんぷ》とか従軍慰安婦《じゅうぐんいあんふ》として強制連行されてきた約一万人の人びとが犠牲になったといわれているが、その数は今なお明らかになっていない。

このように沖縄戦では、軍人よりもはるかに多くの民間人が犠牲になったが、結局、本土決戦は行なわれず、広島・長崎への原爆投下と、ソ連の参戦によって日本はポツダム宣言▲を受諾し、連合国に降伏した。

▼ポツダム宣言　一九四五年七月二十六日、米英中三カ国によって発せられた、日本の非軍事化と民主化を要求する最後通告。ソ連は、参戦と同時にこの宣言に加わった。日本政府は、宣言の民主化要求が天皇制を否定するものではないとの理解のもとに、これを受諾した。

②―日本国憲法の成立と憲法なき沖縄――平和国家日本と軍事要塞沖縄

沖縄の米軍政と日本国憲法の成立

沖縄上陸に際して、米海軍元帥ニミッツ▲は、「米海軍軍政府布告第一号」を発し、日本との戦争遂行の必要上、南西諸島を軍事占領し、日本国政府のすべての行政権を停止して軍政府▲を設立する、と宣言した。しかし、日本がポツダム宣言を受諾して降伏し、日本全体が連合国軍の占領下に置かれるようになっても、沖縄は米軍政下に置かれ続けたばかりか、軍政の範囲は、鹿児島県大島郡の地域(奄美《あまみ》諸島▲)にまで拡大された(「米海軍軍政府布告第一のA号」、一九四五年十一月発布)。アメリカの戦後世界戦略は、すでに沖縄戦の段階で、その第一歩を踏み出していた。

一八万の大軍を率いて沖縄島に上陸した米軍司令官バックナー▲陸軍中将は、上陸後まもない一九四五(昭和二十)年四月二十三日、ニミッツ元帥に対して「中国大陸への道筋として、ロシアの拡張主義に対抗する拠点として、沖縄を〝保護領〟その他の適当な名目で排他的に支配することが必要である」と進言してい

▼ニミッツ　第二次世界大戦時の米太平洋艦隊司令長官及び太平洋方面総司令官。米海軍軍政府布告第一号はニミッツ布告ともいう。

▼(米)軍政府　軍隊が占領地を統治する機関。沖縄諸島における初代軍政長官は、ニミッツ海軍元帥、軍政府長官は、バックナー陸軍中将。

▼奄美諸島　一六〇九年の島津氏の琉球侵略の際、薩摩藩の直轄植民地として琉球から割き取られ、明治維新後は鹿児島県大島郡として位置づけられた地域の島々。二〇一〇年二月に「地名等の統一に関する連絡協議会」で、奄美群島と表記されることになった。

▼バックナー　沖縄上陸軍(陸軍第一〇軍)の総司令官。陸軍中将。沖縄戦末期の一九四五年六月十八日戦死。その後の第一〇軍の指揮は、ガイガー海兵少将がとった。

た。アメリカがまだ同盟国ソ連とナチス・ドイツを挟み撃ちにしていた時点で、米軍部の中には、ソ連を戦後の新たな仮想敵国とする世界戦略が構想されていたのである。広島・長崎への原爆投下も、日本の息の根を止める手段であると同時に、ソ連に対する軍事力の誇示としての意味を持たされていたといえよう。

一方、日本政府は、日本の非軍事化と民主化を要求するポツダム宣言を受諾して降伏したにもかかわらず、主体的・積極的に「民主化」に取り組もうという姿勢を示さなかった。そこで、既存の政府を利用して間接統治を行なうという建て前をとっていたＧＨＱ▲も、直接指示によって日本の民主的改革を推し進めざるをえなくなり、そうした流れの上でやがて日本国憲法の制定(大日本帝国憲法の改正)が具体的日程に上ってきた。そして一九四五年十二月、憲法草案を審議するための衆議院議員選挙法改正が行なわれた。この選挙法改正によって、日本で初めて女性に参政権が与えられることになった。しかし同時に、この選挙法改正によって、沖縄「県民」は、ふたたび国政選挙の選挙権を失うことになった。その理由は、ＧＨＱの同意が得られないため、とされたが、政府がＧＨＱの同意を得るために努力した痕跡はまったくなかった。ＧＨＱの意向は、翌

▼ＧＨＱ　General Headquarters の略。正式にはＧＨＱ／ＳＣＡＰ。連合国最高司令官総司令部のこと。

▼マッカーサー　日本を占領した連合国最高司令官、米極東軍総司令官、そして、初代琉球列島民政長官。朝鮮戦争が勃発すると、国連軍司令官に任命されたが、一九五一年四月、原爆使用や中国爆撃等戦争遂行の方針をめぐってトルーマン大統領と対立し、解任された。写真は一九五〇年八月一日、嘉手納基地にて。

四六年一月二十九日付の覚書「若干の外郭地域を政治上行政上日本から分離することに関する覚書」によって示されることになった。こうして沖縄は、ＧＨＱの間接統治下に置かれた日本とは異なり、米軍の直接支配下に置かれ続けることになった。

ところで、日本の民主化を要求するポツダム宣言の受諾に際しても「国体護持」（天皇制の維持）にこだわった日本政府は、憲法改正（新憲法の制定）に関しても、大日本帝国憲法の本質を変えることなく、そこに若干の字句修正を加えれば事足りると考えていた。戦後日本の再出発に際して、国の基本法である新しい憲法はかくあるべきであるという試案や私案が、いくつかの団体・政党・個人等から発表されていたが、ＧＨＱは、これらの案と比べて、政府の憲法改正要綱案はもっとも反動的なものである、とみなした。

そこで連合国最高司令官マッカーサー▲元帥は、ＧＨＱのスタッフに日本国憲法草案の起草を指示した。その際にマッカーサーが示した改憲三原則、すなわち、(一)天皇が国家の頂点に位置すべきこと、(二)一切の軍備と戦争放棄、(三)封建制度の撤廃の三点は、日本国憲法の三つの柱ともいうべき、(一)象徴天皇制▲、(二)絶対平和主義、(三)民主主義に見合うものであった。

しかしそれは、多少の文言修正を除けば、大筋において大日本帝国憲法を変える必要性を感じていなかった日本政府を驚かせるに十分だった。マッカーサーは、この草案に基づいて日本政府の改正草案を作成することを求めた。

日本政府はこれの受け入れに難色を示して抵抗したが、結局はこれを受け入れざるをえなかった。しかしそれは、占領者が強権的に押しつけたからではない。その第一の理由は、日本政府がこの案を受け入れなければ、ＧＨＱは、これを日本国民に公表する用意がある、としていたからである。日本国民の間から提起されていたさまざまな試案や私案も参考にしながら草案をまとめたＧＨＱは、この案が日本国民に受け入れられるであろうという自信を持っていた。逆に日本政府は、自らの案に自信がなかった。むしろ国民世論は、ＧＨＱ草案を選択するであろうと判断していた。そうなれば日本政府の立場はない。日本政府は、これを受け入れざるをえなかったのである。

第二の理由は、ＧＨＱが、連合国の主要国から構成される極東委員会▲が活動を始めれば、天皇の地位が危うくなるかもしれない、とほのめかしたからであ

▼象徴天皇制　日本国憲法下の天皇制のあり方。日本国憲法第一条は「天皇は、日本国の象徴であり国民統合の象徴であって、この地位は、主権の存する国民の総意に基づく」とされている。これに対して、戦前の大日本帝国憲法第一条は、「大日本帝国ハ万世一系ノ天皇之ヲ統治ス」となっていた。

▼極東委員会　一九四六年十二月末、米英ソ三国外相会議によって設立が決定された連合国の日本占領政策決定機関。一一カ国、後に一三カ国で構成。しかし、実質的にはアメリカに主導権を握られていた。

る。

マッカーサーやアメリカの知日派は、占領政策の円滑な遂行と、親米国家日本の形成にとって、天皇制は利用価値があるとみていた。国民の総意によって象徴としての地位を与えられるという象徴天皇制は、国民主権と天皇制利用の妥協の産物であった。それは天皇を主権者であると考える当時の日本政府や保守政治家の立場とは異なっても、天皇制維持という点では共通していた。マッカーサーもまた、自分が天皇制の擁護者であることを強調していた。しかし連合国の間には、ソ連のように天皇の戦争責任を問う国もあれば、フィリピン・オーストラリア・ニュージーランドのように、天皇制の存続それ自体を軍事的脅威と考える国々もあった。日本政府も、マッカーサーと妥協して、天皇と天皇制を安泰にすることを急がなければならなかった。

こうして日本政府は、ＧＨＱ草案を基本的に受け入れ、主権在民・象徴天皇制・戦争放棄を規定した憲法改正草案をまとめることになった。

日本の非武装化と沖縄の分離軍事支配

　戦争放棄の規定は、太平洋地域でアメリカと覇を争った日本帝国主義の牙を抜き、東アジア戦略のパートナーとして親米的中国を想定していた戦後初期のアメリカの世界戦略からくるものであったが、同時に天皇制の存続を軍事的脅威と捉える国々の不安を除去しようとするものでもあった。このような意味において天皇制の維持と日本の非武装化は密接な関連があった。

　もとより戦争放棄の規定は、過酷なアジア太平洋戦争の体験を踏まえて平和を願望する多くの国民世論に歓迎された。しかしその戦争体験は、ややもすれば、悲惨な被害者体験の強調に偏る傾向にあり、アジア地域の民衆に対する加害者としての責任にはほとんど目が向けられてはいなかった。ましてや、〝平和憲法〟審議の過程から、沖縄「県民」が排除されていることに気づく者は皆無に近かった。

　そして日本の非武装化は、沖縄の分離軍事支配・米軍の戦略拠点化と分かちがたく結びついていた。マッカーサーが、日本の非武装化と沖縄の分離軍事支配の関連について明確に述べるのは、一九四七(昭和二十二)年六月末のことである。このとき東京を訪問したアメリカ人記者団と懇談したマッカーサーは、「沖縄人は日本人ではないからアメリカの沖縄保持に対し日本人が反対することはない」、「沖縄を米空軍基地とすることは日本の安全を保障する」、「ソ連も千島占領によって対日要求が満足されているので、アメリカ側の構想に反対しないだろう」などと述べていた。つまりマッカーサーは、沖縄の分離軍事支配と日本の非武装化は一体不可分のものであり、ヤルタ協定▲による千島諸島の地位を追認することと引き換えに、沖縄をアメリカが保有することは当然であるとしていたのである。

このマッカーサー発言は、この年六月一日に成立した片山哲《てつ》連立内閣の外相芦田均《あしだひとし》▲が、外国人記者団との会見で「ポツダム宣言の沖縄と千島の一部に対する適用について、日本人は多少疑問を持っている。沖縄は日本経済にとって大して重要ではないが、日本人は感情からいってこの島の返還を希望している」と発言したことに誘発されたという側面を持っている。芦田発言は、日本政府筋からの領土問題に関する最初の発言であったために内外に大きな波紋をよんだが、マッカーサーとしても、はっきり釘を刺す必要を感じたのであろう。

▼ヤルタ協定　一九四五年二月十一日、クリミア半島のヤルタにおいて米英ソ三国首脳によって締結された戦争完遂と戦後処理についての一連の協定の総称。その中に、ドイツ降伏後「二又は三カ月を経て」ソ連が対日参戦する代償として、南樺太をソ連に返還し、千島をソ連に引き渡す、という秘密協定が含まれている。

▼芦田均　日本国憲法の制定過程にも影響を及ぼした戦後の大物政治家。沖縄に関しては、島ぐるみ闘争(四九ページ参照)のさなかに「現在の沖縄は、終戦直後の情勢からみると生活は著しく改善された。……東京政府の手ではこれだけの復興はむずかしかっただろう。……すべてが必ずしも日本に復帰したがっているわけではない」と述べて反発をかった。

しかし、日本の非武装化と沖縄の分離軍事支配が一体不可分のものであるというマッカーサーの考えは一貫しており、翌四八年二月、米陸軍省が日本の限定的再軍備に関してマッカーサーの意見を聴取したときも、沖縄を空軍基地として要塞化すれば、「日本の本土に軍隊を維持することなく、外部の侵略に対し日本の安全性を確保することができる」としていたという。

四七年六月のマッカーサー発言におもねるかたちで、この年九月にGHQに伝えられたのがいわゆる沖縄に関する天皇メッセージ▲である。天皇は、側近の寺崎英成《てらさきひでなり》を通してGHQに「アメリカが、日本に主権を残し租借する形式で、二五年ないし五〇年、あるいはそれ以上、沖縄を軍事支配することは、アメリカの利益になるのみならず日本の利益にもなる」というメッセージを伝えた。寺崎から天皇の考えを伝えられたGHQの政治顧問シーボルトは、このことを米国務省に伝達した報告文の中で、このメッセージは、疑いもなく天皇の私的利益に基づくものであると指摘している。

すでに日本国憲法は施行され、象徴天皇の地位は確立していたかに見えたが、極東委員会の中には、なおGHQの独走に対する不満がくすぶっており、その

▼沖縄に関する天皇メッセージ
新しい憲法によって、内閣の助言と承認によって国事行為を行なう以外は政治的活動はできないはずの天皇が、一九五二年の日本独立まで、積極的にアメリカ側に自らの政治的意思を伝えている。「沖縄に関する天皇メッセージ」もその一つだが、その存在は一九七九年まで知られていなかった。

ことに不安を感じる天皇には、天皇制の擁護者であるマッカーサーの機嫌を取る理由があったのである。天皇は、日本独立後の米軍駐留、すなわち安保条約の問題についても、その政治的意思をアメリカ側に伝えていたことが指摘されており、内閣の助言と承認によって限られた国事行為しか行なえないはずの天皇の政治的発言は、憲法上の重大な問題でもあった。

ところで、沖縄を日本から分離し、ここをアメリカの排他的支配の下に置いて、軍事的拠点として要塞化するという主張は、マッカーサーをはじめ米軍部には根強いものがあり、対日占領政策の上でもその既成事実化はすすんでいたが、それは必ずしもアメリカ政府としての方針になっていたわけではなかった。

沖縄を長期的に保持するという方針を、大統領の諮問機関として設置された国家安全保障会議が決定するのは、四九年初めのことである。すでに中国大陸における内戦は、人民解放軍の圧倒的優位のもとに展開し、米ソの対立も深刻化しつつあった。アメリカ政府は、四九年七月に始まる一九五〇会計年度に、初めて本格的な沖縄基地建設予算を計上した。四九年七月四日の米独立記念日に際し、マッカーサーは、「日本は共産主義進出阻止の防壁」と声明した。

ソ連の原爆保有の確認(四九年九月)、中華人民共和国の成立(四九年十月)、朝鮮戦争の勃発(五〇年六月)という世界情勢の急速な進展の中で、非武装国家日本を「反共の防壁」たらしめる政策も、急ピッチで具体化していった。

日本の再軍備と沖縄

非武装国家日本の再軍備は、一九五〇(昭和二十五)年八月の警察予備隊▲令の公布(即日施行)によって始まった。日本の限定的再軍備は、米陸軍省などでは、かなり早い段階から検討されていたが、日本の再軍備に否定的だったマッカーサーなどにも、朝鮮戦争は、米戦略を補完する現地地上兵力の必要性を認識させたといえよう。警察予備隊は二年後保安隊▲となり(五二年七月保安庁法公布、十月保安隊発足)、さらに二年後、自衛隊▲となった(五四年六月自衛隊法公布、七月施行)。

非武装国家日本を「反共の防壁」たらしめる次の政策は、米軍の恒久的な日本駐留であった。朝鮮戦争は、攻撃基地、後方支援基地としての日本の米戦略上の重要性を認識させることになった。一方、朝鮮戦争は、「朝鮮特需▲」とか「朝

▼**警察予備隊**　一九五〇年八月、連合国最高司令官の首相宛書簡に基づき、警察予備隊令が公布・即日施行され、八月二十三日第一陣七〇〇〇人が入隊した。

▼**保安隊**　一九五二年七月、警察予備隊を保安隊に編成替えし、海上警備隊を新設する保安庁法が公布された。十月十五日、「新国軍の土台として」保安隊発足。

▼**自衛隊**　一九五四年六月、防衛庁設置法、自衛隊法公布。保安隊を陸・海・空三軍方式に改組、外敵に対する防衛任務を規定。七月一日施行。

▼**朝鮮特需**　朝鮮戦争において米軍が必要とした物資やサービスのかなりの部分は日本で調達された。疲弊した戦後日本経済は、この「朝鮮特需」によって復興の足がかりをつかんだ。これを契機に、日米の相互利用・相互依存関係は強固なものになった。

鮮ブーム」ということばにも象徴されているように、日本経済に大きな利益をもたらした。疲弊しきっていた戦後日本経済は、アメリカの戦争に協力することによって、その後の発展の足がかりをつかむことになった。こうした日米の相互利用関係を土台として、日米同盟が発足することになる。米軍の恒久的な日本駐留は、日米安保条約▲によって、その条約上の根拠を与えられることになった。日本の独立とともに、連合国軍(占領軍)は日本を撤退することになったが、その大部分を占めていた米軍は、日米安保条約に基づく駐留米軍として、日本に居座り続けることとなった。

沖縄の分離軍事支配は、初期の対日占領政策の上では、日本の非武装国家化と結びついていた。しかし、日本の再軍備が始まり、米軍が日本全土を基地化することが可能になった段階でも、沖縄の米軍事支配は強化されこそすれ、解消されることはなかった。アメリカの排他的支配の下に置かれた沖縄の基地が、主権国家との条約に根拠を置く日本の基地の不安定性を克服するものと考えられたからである。具体的にいえば、日本に基地が置けるのは親米的政権が存続し続ける間だが、沖縄の基地は、アメリカ政府の意思一つで、維持・強化する

▼**日米安保条約**　対日平和条約と同日調印、同日発効。当初、軍隊を持たない日本の希望によって米軍が日本に駐留するという基地貸与協定の性格が強かったが、一九六〇年、この条約に対する国民の反発と自衛隊の強化によって、相互防衛条約に近づけるかたちの条約改定が行なわれ、現行条約となった。

ことができると考えられたのである。

対日平和条約▲第三条は、沖縄の地位を次のように規定している。

「日本国は、（沖縄や小笠原）を合衆国を唯一の施政権者とする信託統治制度▲の下におくこととする国際連合に対する合衆国のいかなる提案にも同意する。このような提案が行なわれかつ可決されるまで、合衆国は、領水を含むこれらの諸島の領域及び住民に対して、行政、立法及び司法上の権力の全部及び一部を行使する権利を有するものとする。」

アメリカが沖縄を排他的軍事的に支配しようとする限り、沖縄を国連の信託統治制度の下に置くことはできなかった。沖縄を戦略的信託統治制度の下に置こうとすれば、国連安保理の承認、すなわちソ連の同意を得なければならず、一般的な信託統治制度の下に置けば、国連信託統治理事会の定期的査察を受けなければならなかったからである。したがってアメリカは、沖縄を信託統治制度の下に置くことを国連に提案する意思はなかった。

つまり、できもせず、する気もないことを前提に、それが実現するまでの間、沖縄や小笠原を全面的に支配することを認めさせたのである。対日平和条約第

▼**対日平和条約**　敗戦国日本を独立させ、国際社会に復帰させるために、戦勝国（連合国）の多数派と締結された講和条約。

▼**信託統治制度**　一般的には、住民の自治・独立へ向けての、政治的・経済的・教育的進歩の促進を図る過渡的統治。戦略的信託統治の場合は、安全保障理事会の権限のもとにおかれる。

三条は、条約成立当初から、併合という悪名を免れながら、併合にともなうすべての利益を手に入れた「法的怪物」といわれていた。

こうして沖縄は、アメリカの世界戦略における「太平洋の要石▲」となった。それは単に沖縄の地理的位置を示しているだけではなく、太平洋地域に張りめぐらされた個別的相互防衛条約、すなわち、オーストラリア・ニュージーランド・アメリカ三国の安全保障条約であるアンザス条約、米比、米韓、米台相互防衛条約の結び目としての位置も表現していた。対日平和条約と日米安保条約は、一九五二年四月二十八日、同時に効力を発生した。

▼太平洋の要石　キーストーン・オブ・ザ・パシフィック（太平洋の要石）という言葉は、一九五〇年代中期から、米戦略における沖縄の重要性を象徴する呼称として使われるようになり、米軍支配当時は、米軍車両のナンバープレートにも書かれていた。

③―日本の独立と米軍政下の沖縄

米民政府と琉球政府

対日講和への動きが明確になると、沖縄では、日本復帰を求める動きが活発化した。奄美・沖縄・宮古・八重山などの島々では、有権者の圧倒的多数の署名やそれぞれの議会の決議などによって、日本が、奄美諸島を含む琉球諸島を米軍政下に置き去りにして独立しようとすることに抗議し、「平和憲法下への復帰」を求める明確な意思表示を行なった。しかし、日米両政府は、琉球諸島の地位の決定に関して、琉球住民自身の明確な意志表示に、なんらの配慮も示さなかった。

すでにアメリカは、対日講和の具体化に先立って、沖縄の排他的支配と軍事基地化の方針を確定しており、現地米軍もそのための体制づくりをすすめつつあった。一九五〇(昭和二十五)年、米軍政府は、米民政府▲と改称されていたが、軍政府と民政府の間には、事実上なんの違いもなかった。初代の民政長官は、米極東軍司令官のマッカーサー元帥であり、民政副長官は、米琉球軍司令官の

▼**米民政府**　正式名称は、琉球列島米国民政府(United States Civil Administration of the Ryukyu Islands)、沖縄統治のためのアメリカの出先機関。ユースカー(USCAR)ともよばれた。

ビートラー少将であった。一九五七年に米極東軍が太平洋軍に統合されると同時に、米大統領行政命令によって、米琉球軍司令官が高等弁務官と改称された。

当初米軍は、奄美・沖縄・宮古・八重山の四群島それぞれに住民側の政府として群島政府を設置したが、五二年四月にはこれを解消し、米民政府の下に全琉球を統一する琉球政府を設置した。琉球政府は、三権分立の形をとっていたが、その権限はきわめて限られていた。

琉球政府行政主席は、米民政副長官(後に高等弁務官)によって任命され、直接間接米軍側の指示に従わざるをえなかった。

琉球立法院は、住民の直接選挙によって選ばれる議員によって構成されたが、米軍による選挙干渉などもあり、また、米軍側の命令ともいうべき布告や布令に抵触しない範囲での立法活動が認められているにすぎなかった。

たとえば、基地建設が本格化する中で頻発する労働争議に対処するため、琉球立法院は、「労働基準法」「労働組合法」「労働関係調整法」の労働三法を制定しようとしたが、米民政府の妨害によって、その成立は難航した。ようやく制定に漕ぎつけると、米民政府は、労働三法の公布直前(五三年八月)、布令一一六

▼高等弁務官　極東軍の廃止によって、一九五七年六月五日、「琉球列島の管理に関する大統領行政命令」が出され、七月一日付で民政副長官が高等弁務官とよばれることになった。

▼群島政府　米軍政下の住民側統治機構整備の試行錯誤の過程で、一九五〇年秋から五二年四月まで四群島に存在した政府。

▼布告・布令　米軍政府・民政府・高等弁務官等が制定・公布した法令。布告の方がより重要かつ基本的事項を定めているとされる。この他、住民側行政機関にあてた「指令」がある。

●米軍による沖縄の統治機構の変遷

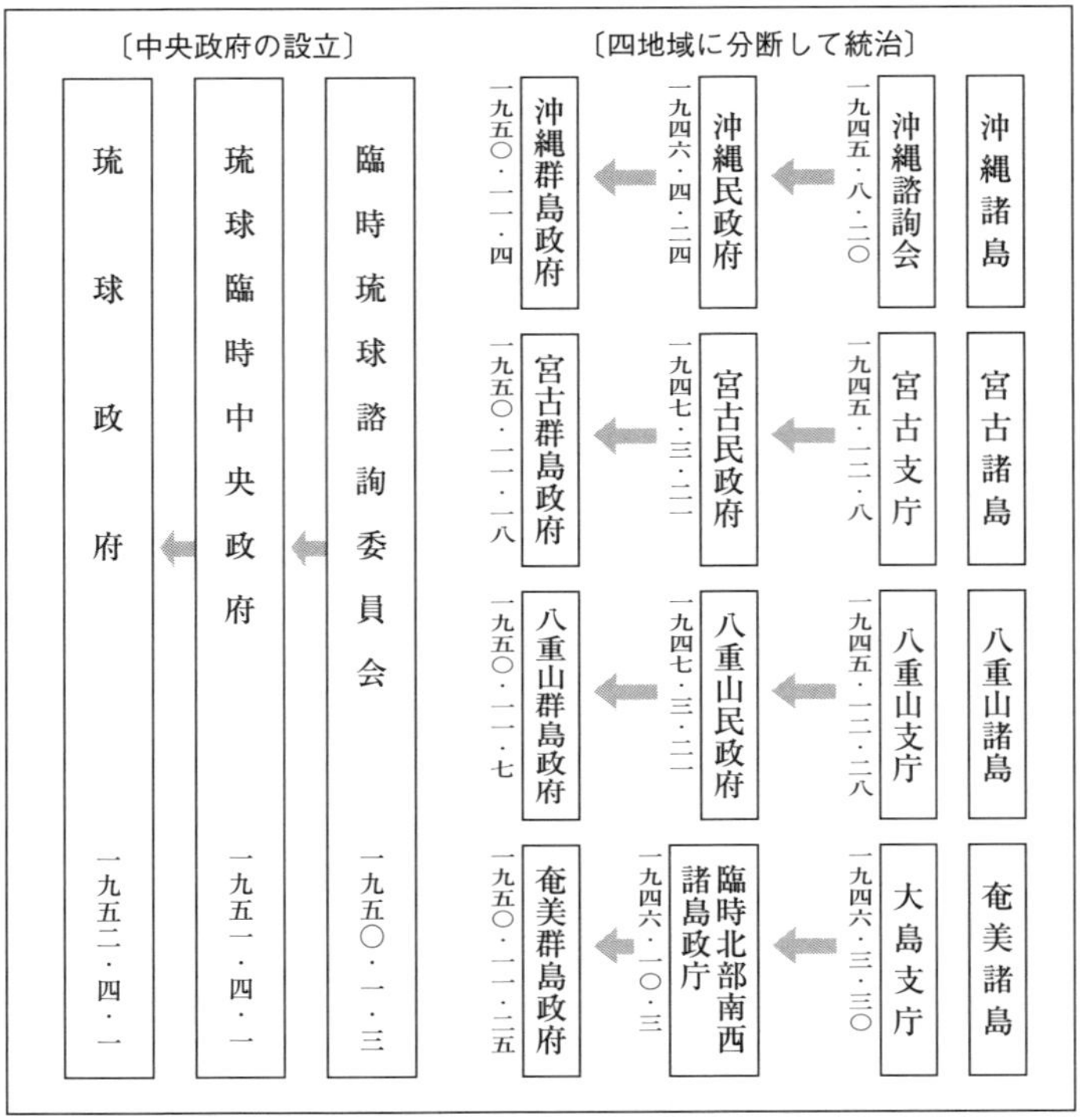
〔四地域に分断して統治〕
沖縄諸島
沖縄諮詢会 一九四五・八・二〇
沖縄民政府 一九四六・四・二四
沖縄群島政府 一九五〇・一一・四
宮古諸島
宮古支庁 一九四五・一二・八
宮古民政府 一九四七・三・二一
宮古群島政府 一九五〇・一一・一八
八重山諸島
八重山支庁 一九四五・一二・二八
八重山民政府 一九四七・三・二一
八重山群島政府 一九五〇・一一・七
奄美諸島
大島支庁 一九四六・三・三〇
臨時北部南西諸島政庁 一九四六・一〇・三
奄美群島政府 一九五〇・一一・二五
〔中央政府の設立〕
臨時琉球諮詢委員会 一九五〇・一・三
琉球臨時中央政府 一九五一・四・一
琉球政府 一九五二・四・一

●琉球政府の機構（発足当初）

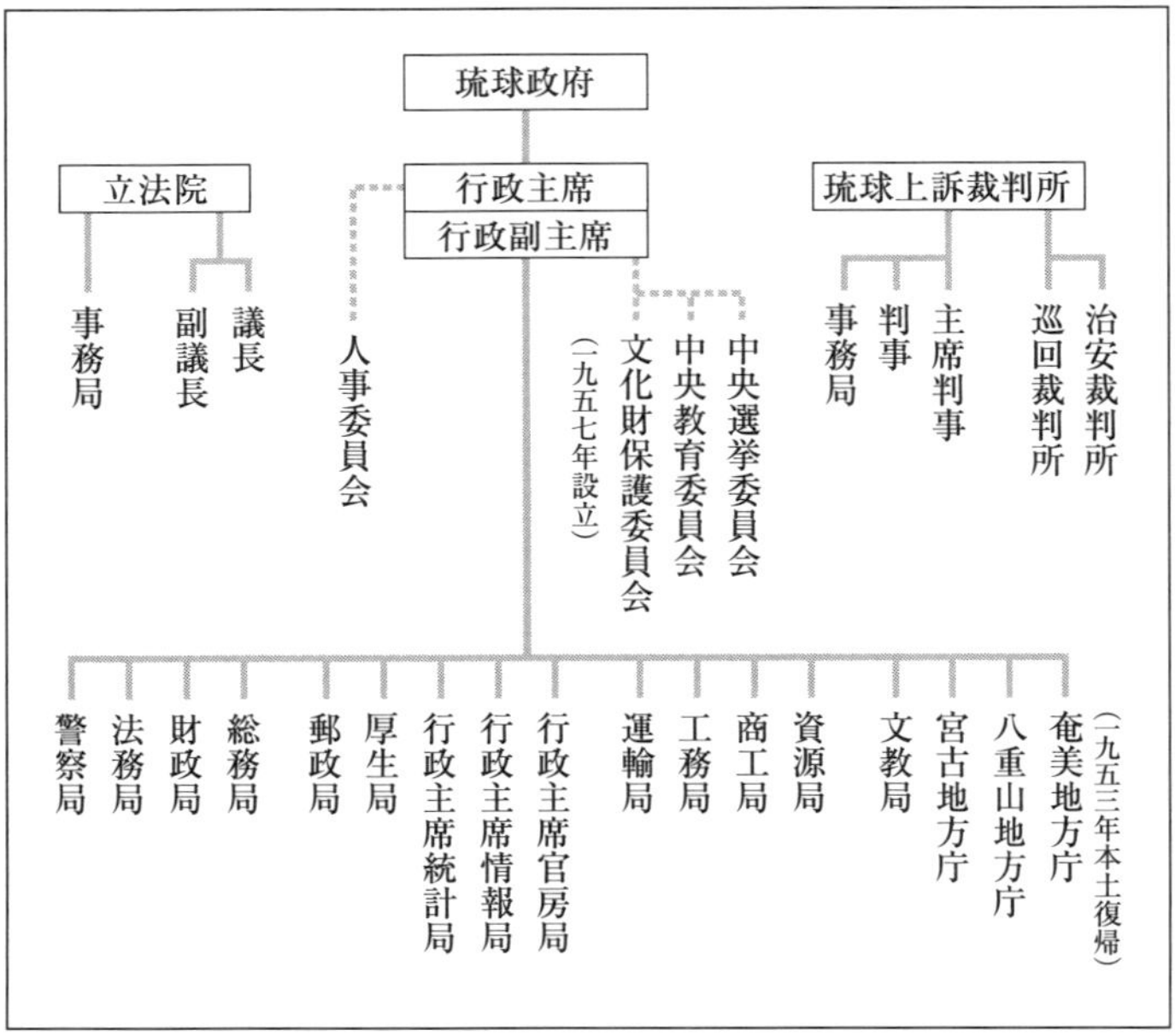
琉球政府
琉球上訴裁判所
治安裁判所
巡回裁判所
主席判事
判事
事務局
行政主席
行政副主席
中央選挙委員会
中央教育委員会
文化財保護委員会
（一九五七年設立）
人事委員会
立法院
議長
副議長
事務局
奄美地方庁
（一九五三年本土復帰）
八重山地方庁
宮古地方庁
文教局
資源局
商工局
工務局
運輸局
行政主席官房局
行政主席情報局
行政主席統計局
厚生局
郵政局
総務局
財政局
法務局
警察局

号「琉球人被用者に対する労働基準及び労働関係法」を公布して、基地関連の事業所に雇用されている労働者には、立法院が制定した労働法は適用せず、布令一一六号を適用することとした。さらに五五年三月、米民政府は、布令一四五号「労働組合の認可手続き」を公布し、すべての労働組合は米民政府の認可なしには結成できないことにするなど、労働運動への干渉を強めた。戦後日本の労働組合法が、ＧＨＱの民主化指示によって制定されたことと対照的である。「戦後民主主義」も、日本と沖縄では、質的な差があった。

司法機関としては、上訴裁判所・巡回裁判所・治安裁判所等の民裁判所▲が置かれたが、取り扱うのは琉球住民同士の事件に限られていた。外国人に関連した事件は米民政府裁判所が取り扱うことになっていた。琉球住民同士の事件でも、法令解釈上、米軍支配に大きな影響があるとみなされた場合は、民裁判所から米民政府裁判所へ事件を移送することができた。米兵犯罪などは軍法会議で扱われた。当時の沖縄には、三種類の裁判所があり、民裁判所は、その最下位に位置づけられていたことになる。また、外国人の犯罪に関して琉球警察は、現行犯逮捕の権限は認められていたものの、逮捕した容疑者は、ただちに米軍

▼**民裁判所**　米軍統治下の沖縄で、米軍によって直接運営された裁判所（米軍政府裁判所、のち米民政府裁判所）の下に位置づけられていた住民側の裁判所。琉球政府設立の段階で、上訴裁判所、巡回裁判所、治安裁判所が整備されたが、日本返還を前にして、一九六八年一月から、それぞれ、高等裁判所、地方裁判所、簡易裁判所と、日本の制度に合わせた名称変更が行なわれた。

▼B型軍票(B円)

側に引き渡さなければならなかった。

では、「琉球住民」の法的地位はどのようになっていただろうか。

対日平和条約第三条(三四ページ参照)は、琉球諸島が日本の領土であり、琉球住民の国籍が日本にあることは否定していなかったが、住民は米軍の厳重な管理の下に置かれていた。琉球諸島の出入域に関しては、米民政府が発行する渡航証明書(パスポート)の給付を受けなければならなかった。米民政府はしばしば理由も明らかにしないで、パスポートの発給を停止した。パスポートの発給停止は、米民政府によるもっとも効果的な政治活動・言論活動規制の手段であった。東京の大学に進学していた学生が夏休みに帰省し、東京に戻ろうとしたがパスポートが出ず、退学せざるをえなくなったという事例もあった。琉球住民は、生まれ育った島に住む限り日本国民としての権利は否定されていたが、日本に行きさえすれば、日本国民としてのすべての権利が回復し、選挙権も与えられた。その限りにおいて「琉球住民」は、「日本国民」であった。

なお、琉球の通貨は、四八年から五八年まではB円とよばれる軍票▲が、五八年から七二年まではアメリカドルが使われていた。

奄美諸島の返還

一九五三（昭和二十八）年八月、朝鮮戦争の休戦にともなう米韓相互防衛条約仮調印の帰途、東京を訪れたダレス米国務長官は、十二月二十五日付で奄美諸島を日本に返還すると告げた。中ソ包囲網の強化をめざすダレスは、日本に三〇万人以上の地上軍再建を要求するために訪日したのであるが、その手土産（クリスマス・プレゼント）が奄美諸島の返還であった。同時に、戦略的価値が低く、かつ復帰要求の強い奄美諸島の返還と引き換えに、沖縄基地の無期限保有の意思を明確にした。続いて五三年十一月、米大統領特使としてアジア諸国を親善訪問したニクソン副大統領は、ソウルを経て東京を訪れ、「日本の防衛力は強化されなければならない」と述べ、さらに東京からマニラに向かう途中沖縄に立ち寄って基地を視察し、「共産主義の脅威あるかぎり、アメリカは沖縄を保有する」と語った。ダレスやニクソンの発言を受けて、アイゼンハワー米大統領は、五四年年頭の一般教書において「沖縄のわれわれの基地を無期限に保持する」と述べた。アイゼンハワーは、五五年と五六年の予算教書でも、沖縄の無期限保有宣言をくりかえしている。

▼**ダレス**　一九五〇年四月、米国務省顧問に任命され、対日講和問題を担当。五三年のアイゼンハワー共和党政権誕生によって国務長官に就任、冷戦外交を推進したが、五九年、病気により辞任。

▼**ニクソン**　アイゼンハワー政権の副大統領。一九六〇年の大統領選で民主党のケネディに敗れるが、六八年には当選、第三七代大統領となり、沖縄返還交渉を引き継ぐ。

奄美諸島の返還とともに沖縄では、「復帰運動は国際共産主義運動を利するもの」とする米民政府の露骨な反共政策が強化され、政治的弾圧が強まっていった。

原爆展を無許可で開催したとか、灯火管制(防空演習)中に寮でランプを点灯した等の理由で、琉球大学の四人の学生が謹慎処分を受け、その不当性を訴えたために退学処分にされた第一次琉大事件▲や、米民政府の退島命令を拒否した奄美出身の沖縄人民党幹部の隠匿幇助および教唆等の容疑で、人民党の瀬長亀次郎《せながかめじろう》▲書記長や又吉一郎《またよしいちろう》豊見城《とみぐすく》村長が投獄されたのをはじめ多くの人民党員が逮捕された人民党事件は、この時期の事件である。

米兵の凶悪犯罪も頻発した。沖縄中に大きな衝撃を与えた「由美子《ゆみこ》ちゃん事件」とよばれる六歳の幼児暴行惨殺事件が発生したのは、一九五五年九月のことである。

こうした状況のなかで、〝銃剣とブルドーザー〟による米軍用地の強制接収も強行された。

▼**琉大事件**　一九五〇年代に起きた、学生運動を理由とする退学事件。五三年と、島ぐるみ闘争のさなかの五六年と、二度起きたので、それぞれ第一次琉大事件、第二次琉大事件とよばれている。

▼**瀬長亀次郎**　米軍支配下の沖縄、とくに一九五〇年代の反米闘争を代表する人物。五四年の人民党事件で懲役二年の刑に処せられたが、五六年十二月、那覇市長に当選。五七年、布令により追放される。

●—奄美諸島の本土復帰　1953年12月25日

●—出獄する沖縄人民党書記長瀬長亀次郎　1956年 4 月 9 日

米軍基地の形成と民衆の闘い

戦後の沖縄は、まず、軍用地ありき、であった。沖縄戦の末期になると、戦場を逃げ回ったり、ガマとよばれる自然の洞窟に潜んでいた人びとが、続々と米軍の収容所に送り込まれてきた。収容所の外は、すべて軍用地だったともいえる。

戦争が終わると米軍は軍用地として必要としないところから、順次、人びとが元の居住地へ戻ることを許可した。しかし米軍が軍用地として必要だと判断した土地には、住民の帰還を許さなかった。

しかも米軍は、ハーグ陸戦法規▲（陸戦法規ノ慣例ニ関スル条約）に基づき、日本の独立までは戦争状態が継続していると主張して土地の使用料すら支払わなかった。しかしこれは、同法規の「戦争の必要上、万やむを得ない場合を除いて、敵の財産を破壊したり押収してはならない」に違反する。この法規に従えば、日本軍が壊滅し、米軍が沖縄全域を占領して以後、ましてや日本がポツダム宣言を受諾して降伏文書に署名して以後、米軍が沖縄住民の財産である土地を勝手に使うことはできないはずであった。だが米軍は、やがてそこに恒久的な軍

▼**ハーグ陸戦法規**　一九〇七年、オランダにおいて開かれた国際平和会議で署名された条約の一つ。この会議は、国際紛争の平和的解決のための諸方式を定め、仮に戦争が生じた場合にもそのあり方を法的に規制し、できるだけ人道主義的立場を貫こうとした。

事基地の建設を始めた。

一九五〇年代に入って基地建設が本格化すると、土地所有者（軍用地主）の間から補償要求も高まり、米軍も対日平和条約が発効した一九五二（昭和二十七）年の十一月、軍用地賃貸借契約のための布令九一号「契約権」を公布した。

この時期、日・米・フィリピン・台湾・香港などの大手土建業者が基地建設を請け負った。そのうち半数にあたる約二〇社は、鹿島建設・清水建設などの本土業者であった。基地建設だけでなく、五〇年代を通して、沖縄は、日本のドル獲得市場として、日本の戦後復興の上で大きな意味を持った。

逆に沖縄では、米軍による広大な軍用地の囲い込みが、軍用地主の生活のみならず、村づくりや、街づくりにも大きな影響を与えていた。広大な嘉手納《かでな》基地によって村域を分断された北谷《ちゃたん》村から嘉手納村が分村せざるをえず、中城《なかぐすく》村からは、北中城村が分村せざるをえなかった。米軍用地には、日本軍が建設した飛行場なども吸収された。日本軍の北飛行場は読谷《よみたん》飛行場となり、中飛行場は約四〇倍に拡張されて嘉手納飛行場となり、南飛行場は牧港《まきみなと》補給地区（キャンプ・キンザー）に吸収されている。

五二年十一月に米民政府が公布した布令九一号は、二〇年という契約期限の長さや、一坪の年間賃料が「コーラ一本の代金にもならない」という使用料の安さのために、軍用地主に受け入れられなかった。九割以上の軍用地主が契約を拒否するという事態に直面した米民政府は、五三年十二月、布告二六号を公布して、「長期にわたる使用の事実によって〝黙契〟(暗黙の契約)が成立している」とみなすことにした。

一方、具体的な基地建設過程で新たに必要となった土地を接収するために、五三年四月三日、布令一〇九号「土地収用令」を公布、即日施行して、真和志《まわし》村安謝《あじゃ》・銘刈《めかる》(五三年四月)、小禄《おろく》村具志《ぐし》(五三年十二月)、伊江《いえ》村真謝《まじゃ》(五五年三月)、宜野湾《ぎのわん》村伊佐浜《いさはま》(五五年七月)などで、武装兵を出動させ、農民の頑強な抵抗を排除して、〝銃剣とブルドーザー〟による土地接収を行なった。暴力的な土地取り上げに対する農民の捨て身の抵抗や、「乞食行脚《こじきあんぎゃ》」をしながら米軍の不当を訴えて歩いた伊江島農民の独創的な闘いは、沖縄民衆の強い同情と共感をよんだ。

こうした状況の中で、五四年三月、米民政府は、軍用地料の一括払いという米陸軍省の方針を発表した。一括払いというのは、米軍が定めた借地料(地価

▼**銃剣とブルドーザー**　米軍による暴力的な土地接収を表現する言葉として、定着している。

●—「銃剣とブルドーザー」による土地接収

●—軍用地立ち入り禁止の看板　伊江村真謝

●—琉球政府前で土地接収に抗議する伊江島の女性たち

の六パーセント)の一六・六カ年分、つまり地価相当額を一度に支払うことにより、限定付土地保有権(一種の永代借地権)を設定しようという、実質的土地買い上げ政策であった。これに対して琉球立法院は、全会一致で「軍用地処理に関する請願」を可決した。そこで、一括払い反対、適正補償、損害賠償、新規接収反対の四つの要求が明らかにされた。これが後に「土地を守る四原則」とよばれるようになる。

同時に、行政府・立法院・市町村長会と軍用地主の団体である土地連▲は、四者協議会(四者協)を結成して対米交渉を行なうことになった。五五年六月の四者協渡米代表団の要請に基づいて、同年十月、米下院軍事委員会は、M・プライスを委員長とする特別分科委員会を沖縄に派遣した。調査団が議会に提出した報告書(米下院軍事委特別分科委報告書)が、いわゆるプライス勧告である。

一九五六年六月に明らかにされたプライス勧告は、沖縄基地が、一、制約なき核基地として、二、アジア各地の地域的紛争に対処する米戦略の拠点として、三、日本やフィリピンの親米政権が倒れた場合の拠り所としてきわめて重要であることを強調し、軍用地政策を含むそれまでの米軍支配のあり方を、基本的

▼**土地連**　一九五三年六月、軍用地主の団体、市町村軍用土地委員会連合会(略称、土地連)として発足した。六九年二月、社団法人に移行、名称も沖縄県軍用地等地主会連合会に改められたが、現在も「土地連」とよばれている。

には正しいとしていた。

島ぐるみ闘争

　プライス勧告の骨子が伝えられた一九五六（昭和三十一）年六月以降、沖縄には新しい民衆運動の巨大な潮流がうねりはじめた。立法院は緊急本会議を開いて四原則貫徹の態度を決め、米民政府に任命されていた比嘉《ひが》秀平《しゅうへい》行政主席も四原則貫徹を誓った。土地連は総会を開き、住民の意思を踏みにじる施政権者の代行機関にならないために「行政府及び立法院の全責任を負う立場にある人々、末端行政者としての市町村長及び議員、関係者としての軍用土地連合会役員」は、総辞職することによって軍用地政策の強行を阻止しようと四者協に提案した。

　さらに土地連は、各種団体共催の住民大会の開催、住民大会選出の代表者による米側への住民意思の伝達、その代表者を後押しする秩序あるデモ行進などの方針を提起した。四者協は、激論の末、土地連の方針を了承した。

　総辞職という方針は、支配者が与えた形式民主主義的な政治機構を否定し、民衆自身による自治組織をつくり上げようというきわめてラジカルな性格をもっていた。教職員会や青年連合会・婦人連合会など民間一六団体も、四者協とともに四原則貫徹の運動を展開し、四者協総辞職の受け皿となるような全住民の闘争組織を創ることを決めた。

プライス勧告の全文が沖縄に届いた六月二十日、全沖縄六四市町村のうち五六市町村でいっせいに市町村民大会が開かれ、一六万〜四〇万人の民衆（全人口の二〇〜五〇パーセント）が参加したと報じられた。続いて六月二十五日には、第二回住民大会が那覇とコザ（現沖縄市）で開かれ、それぞれ約一〇万と約五万の民衆が参加した。沖縄民衆の決起は、日米両政府はもちろん全世界に伝えられた。それは、過去一〇年の米軍支配に対する「島ぐるみ」の総反撃であった。

しかし、爆発的に盛りあがった島ぐるみ闘争にも、長期的な住民闘争組織を構想する段階で亀裂が生じはじめた。現存する体制によって政治的社会的地位や経済的特権を与えられていた人びとは、一時の興奮から覚めると、現存の体制を総否定することによって自らが失うものに気づいたのである。米軍側も、一部の保守政治家や地元経済人と連携しつつ、基地周辺地域にオフリミッツ

●—プライス勧告に抗議する学生たち　1956年6月25日

●—沖縄県祖国復帰協議会結成大会　1960年4月28日

復帰協がこの日に結成されたのは、対日平和条約発効の日を「屈辱の日」ととらえたからである。革新勢力が主導権をとっていたが、超党派的復帰運動を目指しており、ＰＴＡ連合会や遺族連合会も参加していた。

（立入禁止）という経済封鎖を行なうなど、民衆内部の矛盾にくさびを打ち込みはじめた。

そうした状況を打ち破り、ふたたび政治的高揚をもたらしたのは、人民党事件で投獄され、出獄して間もない瀬長亀次郎の那覇市長当選であった。瀬長亀次郎当選の最大の要因は、初代行政主席比嘉秀平の急死を受けて、二代目行政主席に任命された前那覇市長當間《とうま》重剛《じゅうごう》▲の発言に対する民衆の反発であった。彼は、プライス勧告が明らかになった直後「所有権が否定されず、適正補償が認められるならば、必ずしも一括払い反対ではない」と述べていたのである。

瀬長当選後、彼の市長就任阻止と不信任のためにさまざまな画策がなされたがいずれも失敗した。結局米軍は、布令によって瀬長を追放すると同時に彼の被選挙権も剥奪したが、次の市長には、またもや瀬長が強く推薦した兼次《かねし》佐一《さいち》▲が当選した。

だが、この過程で革新勢力の分裂と主導権争いもすすんだ。それを見透かすかのように米側は軍用地料を大幅に引き上げ、一括払いの方針も撤回して民衆との妥協を図った。こうして島ぐるみ闘争には、一応の終止符が打たれた。そ

▼**當間重剛**　京都帝大卒。戦時中は大政翼賛会沖縄県支部長。戦後は、琉球上訴裁判所主席判事、那覇市長を経て第二代琉球政府主席。

▼**兼次佐一**　一九四七年の沖縄人民党結成に参加。後に社会大衆党那覇支部長となる。那覇市長当選後、沖縄社会党（日本社会党沖縄県本部）を結成したが、後に社会党からも除名された。

の意味からすれば、島ぐるみ闘争は経済的条件闘争に終わったかに見えるが、この闘いによって民衆が得た自信は大きかった。以後、労組や人権団体・平和団体などの結成が急速にすすみ、一九六〇年四月には、六〇年代沖縄民衆運動の母体となった沖縄県祖国復帰協議会(復帰協)▲が結成された。

また、この闘いによって沖縄問題の存在が日本本土にも知られるようになり、この後は、日本の政治の場で避けて通れない争点となった。

第三条下の沖縄と安保条約下の日本

島ぐるみ闘争が日本本土で大きな反響をよんだのは、この時期、本土でも、米軍基地の拡張問題や米兵犯罪をめぐる裁判権問題などが、クローズアップされていたからである。

なかでも、一九五五(昭和三十)年に東京都砂川町(現立川市)でおきた立川基地の拡張問題と、これに反対する砂川闘争▲は、戦後日本における反米反基地闘争の象徴的位置を占めていた。一九五〇年代中ごろの日本には、ある種の反米感情が戦後ナショナリズムとして拡がっていた。それが、沖縄の島ぐるみ闘争に

▼**復帰協**　五一ページ写真参照。

▼**砂川闘争**　東京都砂川町(現立川市)の米軍基地拡張に反対する闘い。一九五五〜五六年、阻止隊と警官隊の大規模な衝突事件が起きた。

対する強い同情と幅広い共感をよんだのである。しかし、島ぐるみ闘争に共鳴した民衆も、そのほとんどは、日米安保条約下の日本と、対日平和条約第三条下の沖縄の違いを認識していたわけではない。

たとえば、日米安保条約は、アメリカに、日本全土に軍事基地を置く権利を与えていた。だが、日本政府は、無条件にアメリカに軍用地を提供できたわけではない。憲法を頂点とする法体系の制約の下でしか軍用地を提供することはできなかった。

すなわち、日本国憲法は戦争放棄を規定していたから、戦後の土地収用法は、軍事目的による土地の強制収用を認めていなかった。そこで日本政府は、安保条約の発効と同時に、いわゆる米軍用地特措法▲を制定した。米軍に土地を提供するための特別の土地収用法である。しかし、この特別措置法も、強制収用の手続きは、土地収用法に準拠することになっていた。したがって、立川基地の拡張に反対する砂川町長は、米軍用地の強制収用を拒否する法的な拠り所を持っていた。

また、在日米軍の施設や機密を保護するために、安保条約に基づく刑事特別

▼**米軍用地特措法**　一九五二年に制定されたこの法律は、六二年の相模原住宅地区(神奈川県)に適用されて以来使われなくなっていたが、八二年以降、沖縄の米軍用地強制使用の根拠法規として息を吹き返した。しかし、これを拠り所とした市町村長や知事の関与を排除するため、九七年と九九年に抜本的改定が行なわれ、中央政府の意思一つで、米軍用地の強制収用や強制使用が可能になった。

法も制定された。そして砂川闘争の際、土地接収のための強制測量に反対するデモ隊が、基地内に四メートル侵入したとして起訴された。しかし、東京地裁は、「安保条約に基づく米軍駐留は違憲であり、刑特法も無効。したがって事件も無罪」という趣旨の判決を下した。有名な伊達《だて》判決▲である。

結局砂川基地の拡張問題は一〇年以上紛糾したあげく、ついに米軍が計画を断念した。法治国家では、政府間で条約上どのような約束があっても、必ずしも自由な基地建設ができるとは限らなかったのである。

ところが沖縄では、一片の布令と称する軍命令によって、文字通り、〝銃剣とブルドーザー〟による土地強奪が強行された。沖縄が、日本から分離され、米軍の支配下に置かれていなかったならば、現在のような沖縄米軍基地を建設することは不可能であった。基地建設だけでなく、基地の使用についても同じことがいえた。

島ぐるみ闘争への同情と共感は、戦後ナショナリズムを増幅させることにはなったが、対日平和条約第三条下の沖縄と安保条約下の日本の差異に関する認識を欠いていたため、沖縄の現実を打開する方向性は持ちえなかった。それは、

▼伊達判決　一九五五年の砂川闘争の際、基地に侵入したとして数人が刑事特別法で起訴された事件に対して、五九年三月、東京地裁伊達秋雄判事が下した判決。検察側の跳躍上告を受けて最高裁は、同年十二月「安保条約の違憲性については、司法審査の対象になじまない」として裁判のやり直しを命じ、有罪となった。

▼新安保条約　一九六〇年に改定された安保条約(現行安保条約)を、五一年締結(五二年発効)の旧安保条約と対比する言葉として、しばらくの間使われていた。

むしろ日米両政府によって、安保条約改定へと巧みに利用されていくのである。

一九五七年六月に行なわれた岸信介《のぶすけ》首相とアイゼンハワー米大統領の会談で、アメリカ側は、日本から一切の地上戦闘部隊を撤退させることを約束した。それは、東京にあった米極東軍司令部を廃止し、極東全域の米軍をハワイの太平洋軍に統合するという軍事戦略再編成の一環だったが、それを利用して、日本国民の反米感情を鎮めようとしたのである。

では、日本から撤退した地上戦闘部隊、とりわけ海兵隊などはどこに行ったのか。「日本ではない沖縄」に移駐したのである。一九五二年の安保条約の成立から、一九六〇年にこの条約が改定される(現行安保条約が成立する)ころまでに、日本本土の米軍基地は四分の一に減少した。しかし、沖縄の米軍基地は、約二倍に増えた。キャンプ・シュワブ、キャンプ・ハンセン、北部訓練場など、沖縄島北部の海兵隊基地は、そのほとんどが五〇年代後半から六〇年代の初めにかけてつくられている。軍用地に接収された土地の多くが、国有地や県有地、さらには市町村有地などで私有地が少なかったことも、基地建設を容易にした条件の一つであった。これらの海兵隊基地が、現在、沖縄の米軍基地の半分以

●──県道104号線越えの米軍による実弾射撃演習　1976年７月１日

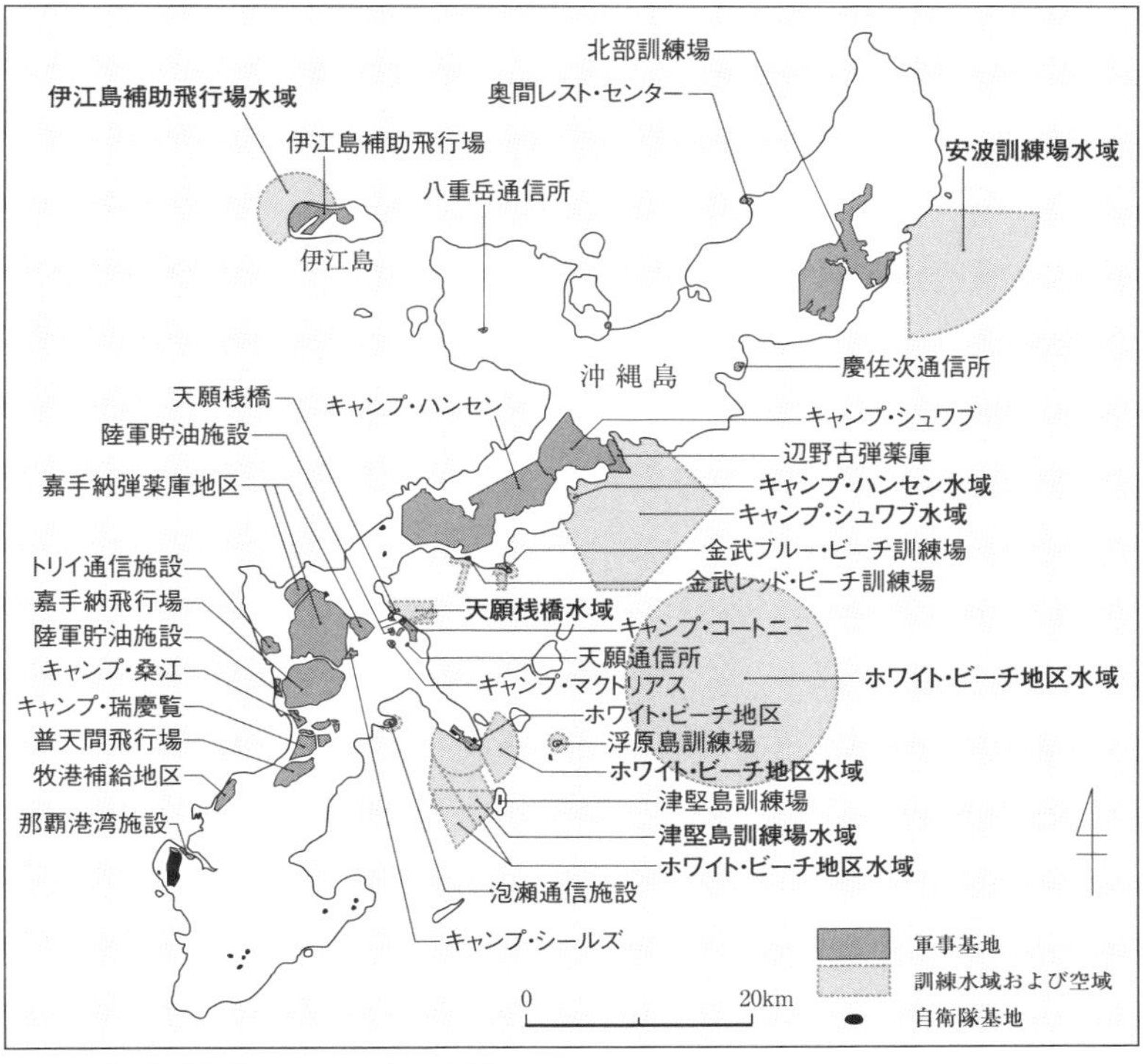

●──主な米軍基地　2016年12月現在

上を占めている。いわば、基地のしわ寄せの第一段階である。

この結果、一九六〇年代には、沖縄と日本本土にほぼ同じ規模の米軍基地が存在することになった。日本全土の面積の〇・六パーセントしかない沖縄と、九九・四パーセントの本土に同じ規模の基地があるということは、基地の密度でいえば、沖縄は本土の一〇〇倍ということになる。

六〇年安保改定と沖縄

さて、六〇年安保改定の大義名分は、不平等な旧安保条約を、より平等なものにするということにあった。どのようなかたちで平等にするかといえば、日本の軍事的役割を強化し、条約をかぎりなく相互防衛条約に近づけることによって、条約上の平等性を確保しようというのである。

したがって条約改定交渉の初期には、日米双方とも、アメリカの施政権下にある沖縄も、共同防衛地域▲に含めたい、としていた。そうすることによって、相互防衛条約に近づくというのである。さらには、共同防衛地域に含めれば、アメリカの施政権をへこませ、沖縄返還を早めることになるという詭弁も用い

▼**共同防衛地域**　外部からの攻撃に対し、日米が共同して防衛活動(軍事行動)を行なう地域。条約締結当時は沖縄は含まれていなかったが、一九七二年の施政権返還によって共同防衛地域に含まれることになった。

られた。

しかし沖縄は、すでに米比、米台、米韓などの相互防衛条約の共同防衛地域になっていたから、沖縄を日米安保条約の共同防衛地域に含めることになれば、これらの相互防衛条約と日米安保条約を結びつけ、アメリカの戦争に巻き込まれる危険性を増大させることになるとして、当時の社会党だけでなく、自民党の一部からも強い反対があった。こうした議論の結果、結局、沖縄は共同防衛地域には含まれないことになった。新しい日米安保条約第五条は、共同防衛地域を「日本国の施政の下にある領域」と定めている。その代わり第六条は、在日米軍が「日本の平和と安全」のためばかりではなく、「極東における国際の平和及び安全の維持に寄与するため」日本の基地を使うことができる、とした。

しかし、米軍が勝手に基地を使っては困るので、日本への軍隊の配置あるいは装備における重要な変更(たとえば、核兵器の持ち込み)や日本からの直接的戦闘行動などは、事前の協議▲の対象とする、という交換公文がとり交わされた。現在の日米安保条約や、その条約に基づいて米軍の地位に関して取り決めた日米地位協定▲は、このときに成立して以来四〇年、一字一句変更されていない。

▼**事前協議**　事前協議は、日米の「対等性」の象徴であるとされたが、安保条約締結以来、一度も行なわれたことはない。

▼**日米地位協定**　日本に駐留する米軍の地位(米兵に対する免税措置や犯罪を犯した際の裁判権など)や基地使用の条件、駐留経費の負担区分などについて定めた協定。

④—沖縄返還とは何であったか

ベトナム戦争と沖縄

一九六五(昭和四十)年二月、アメリカは、南ベトナムの内戦に全面介入した。アメリカは、南ベトナムを東南アジアにおける共産主義封じ込めの拠点と考え、かつてこの地域を支配していたフランスに代わって、早くから南ベトナムの反共軍事政権を支援していたが、民族独立・平和中立・民主確立をかかげる南ベトナム民族解放戦線▲の勢力が急速に広がっていったため、ついに全面介入を決意したのである。

六五年二月七日、米軍は、南ベトナム民族解放戦線の背後には、北ベトナム(ベトナム民主共和国)がある、として、北爆(北ベトナム爆撃)に踏み切った。同時に朝鮮戦争以来初めて、大量の地上戦闘部隊を南ベトナムに投入した。まっさきに南ベトナムへ派遣されたのは、沖縄の米海兵隊であった。

沖縄は、ベトナム戦争▲の前線基地になった。北爆が始まると同時に、沖縄の主な道路は、軍需物資や兵隊を満載して港に向かう軍用トラックや戦車でいっ

▼**南ベトナム民族解放戦線**　南ベトナムの反共親米軍事独裁政権に対する抵抗闘争の中から一九六〇年十二月に結成された民族解放のための武装闘争組織。六九年六月南ベトナム臨時革命政府を樹立。

▼**ベトナム戦争**　南ベトナムの内戦にアメリカが全面介入し、南ベトナム民族解放戦線とこれを支援する北ベトナムと戦った戦争。事実上アメリカは敗退し、一九七五年四月、ベトナムは統一された。

ぱいになった。空軍基地からは、輸送機や戦闘爆撃機が、ベトナムに向かって飛び立っていった。アメリカの雑誌『フォーリン・アフェアーズ』の編集長は、「沖縄を自由に使うことができなければ、アメリカは、ベトナム戦争を今のような規模で始めることはできなかったであろう」と書いている。

横須賀・岩国・佐世保などの在日米軍もベトナムに出動した。しかし、沖縄を経由することによって、それは事前協議の対象とはされなかった。沖縄への移動は戦闘作戦行動ではなく、沖縄からベトナムへの出撃は、沖縄が日米安保条約の適用地域ではないから事前協議の対象にはならない、とされたのである。一九六〇年の条約改定後、日米安保条約の適用地域外に置かれた沖縄が果たさせられてきた役割は、事前協議に関する交換公文などによる在日米軍の活動規制を解除し、その自由な軍事活動を保障することにあった。沖縄は、日米安保体制を外から支える役割を担わされていたのである。

しかし、ベトナム内戦への全面介入は、アメリカに大きな挫折を味わわせることになった。アメリカは、ピーク時には、朝鮮戦争当時を上回る約五五万人の兵力を投入し、無差別爆撃はおろか、ゲリラへの輸送路をあばき出すと称して大量の枯葉剤を散布するといった化学作戦まで行なったが、軍事的勝利の展望を見出すことはできなかった。

　国際政治の上でも、かつてこの地域を支配していたフランスのドゴール大統領が北爆を非難するなど、その孤立化は著しいものがあった。そればかりか、国民にもこの戦争の正当性を納得させることができず、戦争にかり出される若者を中心に、ベトナム反戦運動▲が大きく盛りあがった。それは、アメリカ社会や軍隊で下積みの地位に置かれがちな黒人の解放運動とも結びついていた。ベトナム反戦運動は、ヨーロッパや日本をはじめ、世界中に拡がっていった。

　ベトナム政策の破綻は、経済面にも深刻な影響を及ぼした。第二次世界大戦後、世界の富の大半を独占したアメリカは、世界中に軍事基地網を張りめぐらせ、反共政権を経済的にも支援して世界に君臨していたが、一九五〇年代末には、こうした政策にもかげりがみえはじめ、国際収支は悪化し、ドル危機▲が叫ばれるようになっていた。ベトナム戦争の泥沼化は、こうした状況に拍車をかけた。社会的荒廃もすすんだ。アメリカが犯罪や麻薬に蝕まれるようになったきっかけは、大義なきベトナム戦争だった。

▼ベトナム反戦運動　南ベトナム内戦へのアメリカの介入に反対する世界的な大衆運動。それは、一九六〇年代後半から七〇年代前半にかけて、ヨーロッパ、日本などはもちろん、アメリカ国内にも大きく拡がった。

▼ドル危機　第二次大戦後基軸通貨となったドルは、アメリカの軍事的経済的世界支配体制の中で海外への流出が続き、アイゼンハワー政権の末期には、ドル防衛策がとられるようになるが、ベトナム戦争での乱費等によってその危機はますます深まり、一九七一年八月、金ドル交換停止となり、金ドル本位制は崩壊した。

一九七三年三月、ついに米軍は南ベトナムを撤退し、七五年四月、南北ベトナムは統一された。アメリカ側からみたベトナム戦争は、五万人の戦死者を出し、一〇〇万人以上のベトナム民衆を殺害し、ベトナム全土を荒廃させただけの戦争であった。二〇年も経ってから、当時の米国防長官マクナマラ▲は、ベトナム戦争が誤っていたことを認めた。しかしアメリカ政府も、戦争を支持した日本政府も、公式にはその誤りを認めていない。ただ、軍事政権下でベトナム戦争への参戦▲を余儀なくされた韓国では、朝鮮戦争の時の米軍による民衆虐殺事件の告発と関連づけて、ベトナム戦争における韓国軍の加害者としての役割に対する自己批判が大衆的規模で提起されている。

沖縄支配の破綻

アメリカのベトナム政策の破綻によって、当然、沖縄支配も揺らぎはじめた。沖縄の大衆運動は、ベトナム戦争を契機として、大きく発展していった。

それまでの沖縄の大衆運動は、第一義的には、日本復帰をめざしていた。そこには、米軍基地は日本にもあるが、沖縄では、民衆の諸権利がすべて軍事に

▼マクナマラ　一九六一年、ケネディ政権成立とともに米国防長官に就任。七年間ベトナム内戦への介入を含むアメリカの戦争政策を指揮。六八年、世界銀行総裁となった。

▼韓国軍のベトナム参戦　韓国はアメリカの同盟国として、南ベトナムに数万の軍隊を派遣した。アメリカが韓米行政協定締結の条件としてこれを強要したとも、当時の朴正熙大統領が韓国軍の実戦訓練のために積極的に申し出たともいわれている。いずれにせよ韓国では、一九九〇年代後半から、ベトナムにおける韓国軍の残虐行為、あるいはベトナム戦争への参戦それ自体を自己批判する声が大きくなっている。

▼**教公二法阻止闘争**　地方教育区公務員法・教育公務員特例法の制定に反対する闘争。教公二法阻止闘争は、アメリカの沖縄支配の破綻を象徴するものとなった。

従属させられている、という認識があった。そうした状態を〝本土並み〟に是正した上で、日本全体の基地撤去に取り組もうというのが、それまでの大衆運動の最大公約数的考え方であった。しかし、ベトナム戦争を契機に、現実に戦争に使われている基地の存在を黙認することは、ベトナム民衆に対して加害者的役割を果たしていることになるのではないか、という考え方が芽生え、急速に拡がっていった。

こうした状況のなかで、沖縄の保守勢力は、大衆運動の中心的担い手であった教職員の政治活動の制限、争議行為の禁止、勤務評定の実施等を盛り込んだ教公二法の立法化をもくろんだ。日本では、すでに一〇年以上も前に同様の法律が制定されていた。

しかし、議会内多数派が、警察力を総動員して院外の大衆運動を抑えつつ強行採決しようとした教公二法は、院外の大衆運動の圧力によって事実上の廃案となった。▲一九六七(昭和四十二)年二月のことである。五〇年代には〝銃剣とブルドーザー〟で農民の土地を奪った米軍も、自らの暴力装置の発動をためらわざるをえない状況が生まれていた。アメリカによる沖縄の排他的支配は、行き詰まりつつあった。

一方、日本は、一九六〇年代を通して、経済大国への道を歩み続けていた。したがって、六〇年代末には、日本とアメリカの相対的力関係の変化を背景とする、日米の政治的軍事的経済的役割分担の調整が必要になってきていた。たとえば、日本が、評判の悪いアメリカのベトナム政策を積極的に支持してアメリカの国際的孤立化を防ぐ努力をすること、自衛隊を強化してアメリカの軍事的負担を軽くすること、東南アジアの軍事政権に対する経済援助を肩代わりすること、などが必要とされた。

しかし、これらはいずれも、国民の多くの反発を招きかねない政策であった。そうでなくとも、六〇年に改定された安保条約の固定期限は一〇年間とされていたから、一九七〇年にはこの期限が切れることになる(それ以後は、日米いずれかが条約の終了を通告すれば一年後には条約は終了する、となっている)。

一九七〇年には、六〇年安保条約改定のときと同じように、安保の根本的見直しや廃棄を要求する声が高まることが予想された。そうした状況のなかで、日米安保体制における日本の役割を実質的に強化するにはどうすればいいか。

そこでクローズ・アップされたのが沖縄返還である。

B52撤去と沖縄返還

教公二法の制定が阻止された一九六七(昭和四十二)年春、日本政府は、突然「沖縄返還という国民的願望」「祖国復帰という民族的悲願」の実現こそ、日本外交の緊急の課題である、と強調しはじめた。沖縄返還は、誰も反対することのできないテーマだった。沖縄には一九五一年以来、復帰運動の大きな流れがあったし、六〇年代になると、本土でも、沖縄問題に関する認識が徐々に深まり、沖縄返還運動が大きくなりつつあった。沖縄問題の根本的解決に消極的だった日本政府にとっても、経済大国から政治大国への道に踏み出そうとするとき、自国の領土の一部が同盟国によって支配されているということは、不名誉だった。六五年八月、戦後日本の首相として初めて沖縄を訪問した佐藤栄作《えいさく》▲が、「沖縄の祖国復帰が実現しないかぎり、日本の戦後は終わらない」といったのはその意味であった。

こうして、日米同盟の再編成、日本とアメリカとの役割分担の再調整をめぐ

▼**佐藤栄作**　一九六四(昭和三十九)年十一月から七二(昭和四十七)年七月まで、首相在任七年八カ月。戦後日本の首相在任最長記録を作り、沖縄返還を実現して引退した。

る話し合いは、沖縄返還交渉の名のもとにすすめられることになった。日本政府は、正面切った安保論議はできるだけ避けながら、東南アジアの軍事政権に対する経済援助の肩代わりも、自衛隊の増強も、ベトナム政策の支持も、すべてアメリカが保有している沖縄を返還しやすくするための条件づくりであると位置づけた。

アメリカの沖縄単独支配が破綻し、沖縄返還交渉が政治日程に上りはじめたころ、ベトナムの戦局はますます緊迫の度を高めていた。すでに六五年の段階で、グアムを根拠地とするB52が、台風避難を口実に嘉手納基地に移動してそこからベトナム爆撃に出動したりしていたが、六八年二月五日からB52は嘉手納に常駐してベトナムに出撃するようになった。このような状況の変化に対して、沖縄ではB52撤去闘争が大きく盛りあがった。

B52撤去闘争は、基地の動きに直接矛先を向けた最初の大衆的な闘いであった。このような社会的雰囲気の中で基地労働者の組合である全軍労▲が、十割年休闘争▲という名目で二四時間全面ストライキを実施し、米軍に大きな衝撃を与えた。布令一一六号で争議行為を禁止されている基地労働者の最初のストライ

▼**全軍労**　全沖縄軍労働組合の略称。一九六一年基地関係の六つの労組が国際自由労連の指導のもと全軍労連を結成し、六三年、単一組織となった。六〇年代末から七〇年代初めにかけて、沖縄闘争の牽引車としての役割を果たすが、七八年全駐留軍労働組合と合併し、全駐労沖縄地区本部となる。

▼**十割年休闘争**　争議行為を禁止されていた全軍労が、年休行使という形式をとって行なった事実上の二四時間ストライキ。

キであった。

一方アメリカは、Ｂ52を嘉手納に常駐させる直前、主席公選の実施を発表した。沖縄返還をも視野に入れた政策だったが、Ｂ52の嘉手納常駐化に反発する民衆の動きをかわそうとする試みでもあった。最初で最後となった六八年十一月の主席選挙では、沖縄教職員会会長として日本復帰運動の先頭に立ってきた屋良《やら》朝苗《ちょうびょう》▲が当選した。

その直後、Ｂ52が嘉手納基地で離陸に失敗し、墜落炎上事故を起こした。主席選挙の陰に隠れていたかにみえたＢ52撤去の声がふたたび大きく盛りあがり、「命を守る県民共闘会議」が結成された。県民共闘は、Ｂ52が常駐しはじめてから一年目に当たる一九六九年二月四日に「Ｂ52撤去・原潜寄港阻止」をかかげたゼネストを行なおうと全力をあげた。

米軍基地の安定した運用を前提とする沖縄返還交渉をすすめていた日米両政府にとって、これは由々しき事態であった。日本政府は、米軍部が基地の維持に不安を感じるようになると復帰が遅れるかもしれないと屋良主席を説得するなど、さまざまな工作を行なった。総評・同盟など、経済闘争至上主義的傾向

▼**屋良朝苗**　沖縄群島政府文教部長、初代沖縄教職員会会長、唯一の公選琉球政府行政主席、復帰後最初の沖縄県知事を歴任。復帰運動の先頭に立ったことで知られる。

B52墜落、大爆発

けさ嘉手納基地で

沖縄タイムス

夕刊

地ひびき、民家揺れる

住民四人が負傷

乗員七人 二人重傷

午後 嘉手納村民が抗議大会

まるで戦場だ！

＝きびしい表情の屋良新主席＝

撤去運動をさらに強化

強力な撤去運動を

与野党 事故の重大さ指摘

本土並み交渉困難

首相 沖縄基地で重ねて表明

臨時議会の招集へ

立法院各派 直ちに現地調査

憂慮にたえない

米に事故防止申し入れ

●── B52墜落(『沖縄タイムス』1968年11月19日)

●──抗議デモの頭上を飛ぶB52　　1969年 2 月 4 日

を持つ日本の労働運動主流も、沖縄の二・四ゼネストが、ベトナム反戦運動と結びついて台頭してきた反戦派労働運動を鼓舞し、その影響力が強まることを恐れた。したがって本音と建て前の使い分けが行なわれ、本格的な二・四ゼネスト支援態勢を組むことはできなかった。結局二・四ゼネストへ向けた態勢は、屋良主席の中止要請をきっかけに崩れ去った。

この時期、沖縄でも本土でも、沖縄返還は当然だがこれを利用した安保強化は反対だという無条件全面返還要求や、七〇年安保・沖縄闘争が大きく盛りあがり、五〇年代の島ぐるみ闘争の時とは違った共通認識も生まれつつあったけれども、全体としてみればなお、沖縄問題の解決を通して日本のあり方を変えるにはほど遠かった。

沖縄返還交渉

二・四ゼネストをなんとか回避し、騒然たる政治的状況の中で渡米した佐藤首相は、一九六九(昭和四十四)年十一月のニクソン米大統領との首脳会談で、沖縄を一九七二年中に日本に返還するという合意を取り付けた。しかしそれは、あくまで日米軍事同盟再編強化の一環にすぎなかった。

沖縄は、「本土並み」に「核抜き」で返還されると強調されたが、日米共同声明（佐藤・ニクソン共同声明）▲では、韓国の安全は日本の安全と一体であり、台湾海峡の安全も同様であるとされた。佐藤首相自身、これは朝鮮半島や台湾海峡が有事の際に、日本からの米軍の戦闘作戦行動を事実上容認するものであると述べている。また核兵器については、米大統領が、「日本国民の核に対する特殊な感情を深く理解し、事前協議制度に関するアメリカ政府の立場を害することなく、日本政府の政策を尊重する」と約束したことによって、「核抜き」が保証されたと説明されたが、傍点部分の不要な文言があることもあって、核持ち込みに関する密約が存在するのではないか、という疑惑を残した。そしてその後の関係者の証言や国際政治学者の研究によって、密約の存在は、ほぼ確実なものとされている。

また、沖縄が「日本国の施政の下にある領域」になったため、自衛隊が配備されて、沖縄の米軍と共同防衛の任に当たることになった。実態は、在沖米軍基地を自衛隊が防衛し、米軍は外部への攻撃に専念するという役割分担に基づく

▼**佐藤・ニクソン共同声明**　一九七二年中に沖縄を日本に返還することに合意した六九年十一月の日米共同声明。

共同作戦態勢が確立したのである。中国は、佐藤・ニクソン共同声明を「日本軍国主義の復活」として激しく批判した。沖縄では、自衛隊配備の強行が、改めて沖縄戦における日本軍の実態を想い起こさせるきっかけになった。復帰協や労働団体が自衛隊強行配備に反対する行動をくり広げただけでなく、革新自治体は自衛官募集業務を拒否し、那覇市は、基地内に居住する自衛官の住民登録を保留した。

いずれにせよ、七二年沖縄返還は、六〇年安保改定が沖縄の分離と米軍による支配を前提とする日米安保体制の強化だったのに対して、沖縄の日本への統合を前提とする日米安保体制の強化であった。そしてこの安保強化は、安保条約の文言はなんら変えることなく、したがって国会での審議を経ることもなく、日米首脳の共同声明によって行なわれたのである。

佐藤・ニクソン共同声明から一週間後、二千数百名におよぶ基地労働者の大量解雇が発表された。アメリカのドル防衛策の一環としての在外基地の再編合理化政策であった。当時二万人を越えていた基地労働者は、七〇年代中ごろまでに約七〇〇〇人に削減された。アメリカが沖縄の施政権を維持したままでは、

●─基地労働者大量解雇に反対するストライキに銃剣で立ちはだかる米軍 1969年6月5日

コザ反米騒動 政治問題に発展

毒ガス移送中止も
弁務官が声明 "批判"の口実にならぬ

炎上車両は75台に
コザ署"報復"に非常体制

無罪判決が原因

●─コザ反米騒動(『琉球新報』1970年12月21日)

このような大量解雇は不可能であった。失業対策の責任を日本政府に転嫁できるという条件があって初めてそれが可能になったのである。こうした点からも、すでにアメリカは、沖縄を排他的に支配する能力を失っていた。

基地を維持・強化しながら労働者のみを大量解雇する政策に対して全軍労は、「首を切るなら基地を返せ」を合い言葉に激しい闘いを挑んだが、展望を切り開くことはできなかった。このような状況の中で、沖縄返還協定の審議に沖縄代表も参加させたという形式を整えるために国政参加選挙が行なわれ、沖縄から五人の衆議院議員と、二人の参議院議員が選ばれた。

一方、米兵犯罪や事件・事故の頻発とその処理の不公平さ、そして撤去が約束された毒ガス兵器撤去の遅れなどから、米軍支配への鬱積した不満が、多くの米軍車両や基地の一部を焼き払う「コザ暴動▲」となって爆発した。

こうした状況の中で、七一年七月のニクソン米大統領の訪中発表、八月のドル防衛非常事態宣言（変動相場制への移行）という二重のニクソンショック▲に象徴される戦後世界の政治的経済的地殻変動と結びつきながら、沖縄は一九七二年五月十五日を迎え、日本になった。

▼**コザ暴動**　米兵の交通事故に対するＭＰの事故処理をめぐって、群集が、米軍車両七三台、嘉手納基地雇用事務所、米人学校などに火を放った事件だが、一人の死者も出さず、一件の略奪行為も起こらなかったところから、無秩序な「暴動」とは異なる自然発生的な軍政への抗議行動であるとして、「暴動」とよぶべきではないという主張もある。

▼**ニクソンショック**　一九七一年七月のニクソン訪中発表も、八月のドルと金の交換停止の発表も、同盟国日本にとっては、〝寝耳に水〟の政策転換であったことから、ニクソンショックとよばれた。

⑤—「沖縄問題」の解決と日本の将来

日本になった沖縄

沖縄が日本に返還された一九七二(昭和四十七)年五月十五日、東京で行なわれた沖縄復帰記念式典で佐藤栄作《えいさく》首相は、「戦争によって失われた領土を、平和のうちに外交交渉で回復したことは、史上きわめて稀なこと」と、自画自賛していた。那覇の記念式典会場では、屋良《やら》朝苗《ちょうびょう》沖縄県知事が、「いい知れぬ感激とひとしおの感慨」を表明しながらも、「沖縄県民のこれまでの要望と心情に照らして、復帰の内容をみますと、必ずしも私どもの切なる願望が入れられたとはいえない」と指摘していた。式典会場隣の与儀《よぎ》公園では、復帰協が「沖縄処分抗議、佐藤内閣打倒、五・一五県民総決起大会」を開いていた。

沖縄返還協定▲の承認に際して国会は、沖縄における米軍基地の過度の集中が沖縄社会の健全な発展を妨げているとして、政府に、基地の整理・縮小に努力するよう求める決議を行なっていた。しかし政府は、沖縄返還を機に、沖縄に基地を集中させるかたちで、在日米軍基地の再編成を行なった。佐藤・ニクソ

▼**沖縄返還協定**　佐藤・ニクソン共同声明に基づいて、一九七一年六月十七日に調印された沖縄返還に関する取り決め。自衛隊による沖縄防衛、米国資産の買い取りなどに関するいくつかの付属文書がある。

ン共同声明の発表から、七〇年代の中ごろまでに、日本本土の米軍基地は約三分の一に減少したが、沖縄の米軍基地はほとんど減らなかった。その結果、在日米軍基地の約七五パーセントが沖縄に集中するという状態が生まれた。基地しわ寄せの第二段階である。政府は、できるだけ沖縄に基地を押し込めておくことによって、日米安保の問題が全国的な政治の争点になるのを避けようとしたのである。

そして沖縄住民の不満は、金銭的に解決しようとした。

たとえば、米軍支配当時、広大な米軍用地は、米軍が賃貸借契約もしくは強制使用という方法で、確保していた。沖縄が日本になると、日本政府が日米地位協定に基づいて軍用地を米軍に提供することになる。そのためには、軍用地主と賃貸借契約を結ぶ必要があった。そこで政府は、復帰に際して軍用地料を平均して一挙に六倍に引き上げ、さらに契約地主に対しては協力謝礼金という摑み金も支給した。その金額は、平均すれば、軍用地と同一面積の農地から生産されるサトウキビの政府買い上げ価格の一・六倍に相当した。それは、経済原則を無視し、人びとの勤労意欲にも悪影響を及ぼしかねない政策であった。

●──沖縄復帰記念式典(那覇市民会館)　1972年 5 月15日

●──復帰当日の沖縄処分抗議デモ　1972年 5 月15日

その後も軍用地料は右肩あがりに上昇し続けている。

　このような政策によって五〇年代島ぐるみ闘争の牽引車だった土地連は、八〇年代になると基地容認派のもっとも強固な支持基盤に変質していた。それでも、復帰の時点では、約一割（三〇〇〇人）の軍用地主が契約を拒否するであろうと予想されていた。そこで政府は、復帰直前、沖縄公用地等暫定使用法（公用地法▲）と称する沖縄のみに適用される特別法を制定し、復帰と同時に施行することにした。米軍支配時代に公用地等（そのほとんどは軍用地）として使用されていた土地は、土地所有者の意思に関わりなく五年間は公用地等として使用できるというのが、その内容である。公用地法は五年後、別の法律（地籍明確化法）の附則によって、さらに五年延長された。

　政府はこの一〇年間、経済的差別や社会的迫害など、ありとあらゆる手段を使って契約拒否地主（いわゆる反戦地主▲）の切り崩しを図った。反戦地主は一〇〇名前後にまで減少したが、政府は反戦地主を根絶やしにすることはできなかった。逆に、反戦地主の土地の一部を買い受けて、法的に反戦地主と同じ立場にたってこれを支援する一坪反戦地主運動も登場してきた。こうした運動に刺

▼**公用地法**　「沖縄における公用地等の暫定使用に関する法律」の略称。憲法第九五条は、「一の地方公共団体のみに適用される特別法は、……その地方公共団体の住民の投票においてその過半数の同意を得なければ、国会は、これを制定することができない」と定めている。

▼**反戦地主**　米軍用地の賃貸借契約を拒否している軍用地所有者。一九七一年十二月、「権利と財産を守る軍用地主会」（略称、反戦地主会）を結成し、一貫して反戦反基地闘争の先頭に立っている。

激されて、契約期限が切れた軍用地主が反戦地主になるといった逆転現象も見られた。この反戦地主の存在が、後に沖縄県知事が政府に異議申し立てをする際の拠り所となったのである。

政府は、公用地法の期限が切れた後もこれら反戦地主の土地を強制使用するために、一九五二年に制定した米軍用地特措法を発動した。米軍用地特措法（五四ページ参照）は、六二年以来本土では必要がなくなっており、事実上、沖縄の米軍用地を強制使用するための法律として息を吹き返したのである。

ところで軍用地には、私有地以外に、県有地や市町村有地、さらには字（部落）有地▲がある（本土の場合はほとんどが国有地）。したがって県も、基地所在市町村も、部落も軍用地主である。財政基盤の弱い地方自治体にとって、軍用地料は、財政収入の上でかなり大きな比重を占める場合も少なくない。かつては部落は土地所有の主体になれなかったから、字（部落）有地は名義上市町村有地や部落の有力者の共有地になっているが、軍用地料は所有の実態に応じて配分された。地域住民が、薪や家畜の飼料としての草を刈っていた土地から、突然多額の収入が入ってくれば、地域共同体のあり方を一変させかねない。

▼字（部落）有地　地域住民が入会権を持っていた土地。名目的所有権は市町村や地域共同体の有力者名義になっているが、そこからあがる軍用地料等の収益は、一定割合で部落のものになる。

▼**沖縄振興開発計画**　沖縄振興開発特別措置法に基づいて一〇年刻みで閣議決定される総合的な振興開発計画。社会資本の充実には役立ったが、沖縄経済の財政依存度を高める結果となった。なお、二〇〇二(平成十四)年から沖縄振興特別措置法に基づく沖縄振興計画となった。

基地周辺整備事業等の名目による多額の補助金や交付金も、財政基盤の脆弱な地方自治体の基地依存構造を強めた。騒音防止対策等、基地被害の軽減を目的とするはずの基地周辺整備費は、防衛施設庁のさじ加減一つで、農業用の溜め池や公民館建設にも使われた。

また政府は、長年軍事優先政策の下に置かれ、社会資本の整備が遅れた沖縄と本土の格差を是正し、沖縄経済の自立的発展の基礎をつくることを目的にかかげた沖縄振興開発計画▲を一〇年刻みで策定し、その実施のために多額の財政資金を投入した。その結果、道路・港湾・公共建物等の整備状況は著しく改善され、本土との格差は縮まったが、製造業の比重は全国的に見てもっとも低いのに、建設業の比重はもっとも高いといういびつな産業構造がつくり出されていった。沖縄経済全体が公共事業依存、中央財政依存の体質を強めたといってよい。

復帰後も、米軍の実弾砲撃演習の着弾地点に潜入して狼煙《のろし》を上げ演習を実力で阻止する闘争から、反戦地主や一坪反戦地主の米軍用地の強制使用に反対する闘いまで、沖縄の反戦反基地闘争はさまざまなかたちで粘り強く続けられて

●──**反戦地主の抗議行動**　公用地法が1977(昭和52)年５月14日で期限切れになり、地籍明確化法の成立が５月18日になったため、政府は、何の法的根拠もなく４日間、反戦地主の土地を“不法占拠”することになった。このとき、反戦地主の島袋善祐さんは、占拠された自分の土地に乗り込み、「米軍立入禁止」の立て看板を立てた。

●──**嘉手納基地**　甲子園球場の500倍あまりの広さがあり、4000mの滑走路２本のほか、１戸建ての将校住宅、団地風アパートから高校・教会・劇場・銀行、ゴルフ場まである。

いた。しかし、本土では、米軍基地問題は局地化し、安保は重要な政治的争点ではなくなりつつあった。沖縄の闘いは孤立化を余儀なくされていた。多くの政党や労組、民主団体などが、本土の組織に系列化されたことも、大衆運動の結束力を弱めた。

世論調査の数字の上では、常に米軍基地撤去を求める意見が過半数を占めていたが、中央財政への依存度が高い県や基地所在市町村は、国に首根っこを押さえられて、建て前としての基地反対と、本音としての現状肯定が分離しがちであった。

知事の代理署名拒否

一九九五(平成七)年秋、基地と観光の島の底にたまりにたまったマグマが一挙に噴き出すように、安保を根底的に見直せという運動が巻き起こった。そのきっかけは、三人の米兵による少女暴行事件という凶悪犯罪が、もう二度とこういう事件をくり返させてはならないという少女とその家族の勇気ある告発によって表面化したことであった。

それは、目先の出来事や繁雑な日常生活に追われていた人びとに、あらためて、人間の尊厳とは何か、を問いかけるものだった。それは、さまざまな経済的利害や政治的イデオロギーに引き裂かれていた人びとを、それぞれの利害や立場の相違を越えて結集させた。

人びとは、ちょうど四〇年前（一九五五年）に起きた由美子ちゃん事件（四二ページ参照）のことを、まざまざと思い浮かべた。それは、人びとに、むき出しの力による米軍圧政の時代も、物の豊かさに覆われている現在も、沖縄には、本質的にはまったく変わることのない問題が存在することを、あらためて自覚させた。戦後沖縄の平和教育が、沖縄戦の悲惨さを教えながら、現在が戦争と隣り合わせであることを教えてこなかったことも痛切に反省させた。

時代も大きく変わりつつあった。政府が子どもの権利条約を批准するような社会的雰囲気が日本にも生まれていた。「ナイロビから北京へ」ということばで表現されるような、女性の地位向上運動の進展もあった。八月下旬から九月上旬にかけての北京世界女性会議▲に参加した人たちが、この秋以降の運動の重要な一翼を担った。

▼**世界女性会議**　女性の地位向上に関する国連主催の世界会議。第四回北京会議には、一八九カ国の政府代表と二六〇〇のNGOが参加。NGOフォーラムには沖縄からも約七〇人の女性が参加した。「軍隊　その構造的暴力と女性」というワークショップに参加した女性たちが帰国して、那覇空港で耳にしたのが少女暴行事件であった。

またこの年十一月には、クリントン米大統領が来日して、村山富市《とみいち》首相（当時）との間で、安保再定義を行なうことが予定されていた。

すでに東西冷戦は終焉し、ソ連が崩壊するという世界政治の変動によって、日本を反共の防壁とする政策の中心的柱としての日米安保体制は、その存在意義をまったく失っていた。日米安保は、その解消も含めて根本的に見直し、新しい日米関係を追求すべき時期にきていた。

しかし、アメリカは、世界的共同覇権主義体制を支える二国間同盟として、日米安保体制を再定義しようとしていた。

そうなれば、戦後五〇年、日米安保体制の軍事的要《かなめ》として過重な基地負担を強いられてきた沖縄は、これから先も、見通せないほどの長期間、その負担を強いられ続けることになる。それでいいのか、という問いが、一人の少女の安全を守れない安全保障とは何かという、より根本的問題と結びついて提起された。安保を強化するのではなく、基地を整理・縮小し、米軍に特権的な地位を与えている日米地位協定を見直す方向で再検討すべきだ、という世論は、沖縄を越えて拡がりはじめた。しかし、政府は、「それはいささか議論が走り過ぎ」

などと木で鼻をくったような対応をして、民衆の怒りをますます燃えあがらせた。

ちょうどこのとき、米軍用地の強制使用手続きが更新期にさしかかっていた。当時の米軍用地特措法によれば、米軍用地の強制使用手続きの過程には、市町村長や県知事が関与する場面が二度あった。一つは、土地調書・物件調書への代理署名、もう一つは、裁決申請の公告・縦覧（代行）である。

数年前、公告・縦覧代行を行なって、米軍用地強制使用手続きに協力したことのある大田《おおた》昌秀《まさひで》▲沖縄県知事も、今度は民衆の怒りに突き上げられて、代理署名を拒否した。

知事の代理署名拒否は、大きな反響をよんだ。沖縄民衆の圧倒的多数は、知事の代理署名拒否を支持した。地元報道機関の緊急世論調査によれば、支持率は七五パーセントから九〇パーセントにのぼった。それはやがて、基地の整理・縮小と地位協定の見直しを要求して八万五〇〇〇人の民衆を結集した県民大会▲へと発展した。

少女暴行事件と代理署名拒否は、全国的にも大きなニュースになり、心ある

▼**大田昌秀**　学徒隊として沖縄戦を体験し、琉球大学教授を経て沖縄県知事を二期務めた。

▼**一〇・二一県民総決起大会**　八七ページ上写真参照。

国民の関心を沖縄に引きつけた。沖縄県知事の行動は強く支持され、これを批判する声は皆無に近かった。

予想もしなかった知事の代理署名拒否に、日本政府は狼狽し、なんとか知事を説得しようとしたが、具体的説得材料はなかった。やむなく政府は、知事を相手に職務執行命令訴訟▲を起こした。その一方でアメリカ政府と協議し、沖縄基地の整理・縮小や地位協定の見直しを検討するための「沖縄基地に関する日米特別行動委員会（S《サ》ACO《コ》）」▲を設置した。クリントン米大統領の訪日は、アメリカの国内事情を口実に、延期された。

首相が知事を裁判に訴える、日本国家と沖縄社会が対決するという前代未聞の事態は、沖縄の民衆に、自分たちのことは自分たちで決めるべき、という自己決定権を求める意欲、いいかえれば、自立の思想を強めた。県民大会による意思表示や県知事と日本政府の折衝では、なかなか問題解決への見通しが得られそうもないことに苛立った民衆は、住民投票をめざして動き出した。

こうして、九六（平成八）年九月八日、全国初の県民投票が行なわれた。有権者の約六割が投票し、その約九割、つまり、全有権者の五三パーセントが、基

▼**職務執行命令訴訟**　国の機関委任事務である代理署名を拒否した沖縄県知事に対し、裁判所の力を借りて職務を執行させようとした訴訟。

▼**SACO**　「沖縄基地に関する日米特別行動委員会(Special Action Committee on Facilities and Areas in Okinawa)」の略称。

●―少女暴行事件を糾弾する県民総決起大会　一九九五年十月二十一日。宜野湾市で行なわれた県民総決起大会に八万五〇〇〇人といわれる人びとが集まったが、同じ日、石垣・平良(現宮古島市)のほか、奄美大島の名瀬市(現奄美市)でも、連帯集会が行なわれた。

「基地縮小」賛成89%

初の県民投票

有権者の過半数

59・53%

反対は8.5%

投開票結果			
有権者数	909,832	賛成票	482,538
投票総数	541,638	反対票	46,232
投票率	59.53%	無効票	12,856

賛成・反対の比率

反対8.54%　無効2.37%

橋本首相

特別立法見送り

強制使用は転換点に

大田知事

県民意思を尊重

公告縦覧　首相と会談後対応

●―基地縮小の賛否を問う県民投票の結果(『沖縄タイムス』一九九六年九月九日)

基地縮小、協定見直しに全力

橋本首相・大田知事会談

首相、兵力構成で米と協議

振興策で調整費50億円

「沖縄政策協」を新設

閣議で決定

●―橋本首相・大田知事会談(『沖縄タイムス』一九九六年九月十一日)

地の整理・縮小と地位協定の見直しに賛成した。全有権者の過半数が、投票行動によって、明確な意思表示をしたということは、世論調査の数字や署名運動の数字と異なる重みを持っている。

　村山首相が大田沖縄県知事を相手どって起こした職務執行命令訴訟に対して、福岡高裁那覇支部は、わずか三カ月のスピード審理で県側敗訴の判決を出した。大田知事は、この判決を不服として、裁判所の職務執行命令に従わず、最高裁に上告したので、橋本龍《りゅう》太《た》郎《ろう》首相が署名を代行した。そこで那覇防衛施設局長は、沖縄県収用委員会に対して、一〇年間の強制使用裁決を求める申請を行なった。次の手続きは、公告・縦覧である。

　一方、九五年十一月の訪日を中止したクリントン米大統領は、半年後の九六年四月に訪日した。訪日直前、ＳＡＣＯは、沖縄基地の整理・縮小に関する中間報告をまとめ、日米安保協議会▲はこれを了承した。橋本首相は、その目玉は普天間《ふてんま》基地▲の全面返還であると強調して、クリントン米大統領と首脳会談を行ない、日米安保共同宣言▲を発表した。共同宣言は、二〇年前に制定されたガイドライン(日米防衛協力のための指針▲)の見直しの必要性を強調するなど、日米安

▼日米安保協議会　日本の外相と防衛庁長官(現在は防衛大臣)、米国務長官と国防長官の四者による日米安保に関する協議機関。２＋２ともよばれる。ＳＡＣＯはこの下部機関。

▼普天間基地　一九四五年六月、住民を収容所に入れている間に宜野湾村の中心部に建設された基地。自分の土地に帰れない人びとが基地の周辺に密集して生活している。

▼日米安保共同宣言　東西冷戦・米ソ対立のもとで、日本を防衛することを建て前として結ばれた日米安保条約を、アジア太平洋全域、さらには地球的規模での日米同盟の基礎として定義し直した一九九六年四月十七日の日米共同宣言。

▼日米防衛協力のための指針　主として日本が攻撃された場合の日米共同行動のガイドラインとして一九七八年に策定されたが、日

保の飛躍的強化をめざしていた。いわゆる安保再定義である。

沖縄戦末期、日本攻撃のための飛行場として建設され、一九六〇年に空軍から海兵隊に移管された普天間基地は、都市化がすすむ人口密集地帯の真ん中に位置し、常に騒音の被害や事故の危険性が指摘されていて、沖縄県も真っ先にその返還を求めていた。しかし、日米両政府のいう普天間返還は、五〇年前に建設され、老朽化した基地施設を、全額日本政府の資金で最新鋭のものにつくりかえるということにすぎなかった。これまた、沖縄返還を求める民衆運動を利用しながら安保を強化した、七二年沖縄返還政策のひそみに習うものであった。そこには、転んでもただでは起きないアメリカ外交のしたたかさと、それに引きずられる日本外交の無定見さが示されていた。

県民投票の結果には、そうしたことに対する不満も表明されていたといえよう。にもかかわらず、大田沖縄県知事は、県民投票の二日後に行なわれた橋本首相との会談の内容を評価して、公告・縦覧代行に応ずることを明らかにした。八月二十八日、最高裁大法廷が、代理署名裁判に関して、沖縄県知事の上告を退ける判決を下したこともその理由の一つに挙げられた。妥協点を求める政府

米安保共同宣言に基づいて、九七年、日本が攻撃されない場合でも、日本がアメリカの軍事行動を積極的に支援することに力点を置くかたちで改定された。

と県との水面下での交渉は、かなり早くからすすめられていたのであろう。最高裁判決の直前(八月十九日)、すでに政府は、基地所在市町村の閉塞感を振興策で緩和することを目的に、官房長官の私的諮問機関として「沖縄米軍基地所在市町村に関する懇談会」(沖縄懇談会▲)を設置していた。座長の名前をとって島田懇ともよばれるこの機関は、その後、基地を抱える市町村にきめ細かい財政支援策を講じることになる。

橋本・大田会談の結果発表された、閣議決定による首相談話は、基地の整理・縮小や地位協定の見直しに関するかぎり、SACOの中間報告を一歩も出るものではなかった。具体的なものは、沖縄特別振興対策調整費五〇億円の予算措置と、沖縄政策協議会▲の設置だけであり、それは、基地問題を振興政策にすり替えることになった。

基地撤去か振興策か

政府に基地の整理・縮小を要求するに際して沖縄県は、基地返還アクションプログラム▲を提起した。二〇一五年までに基地を全廃することを目標に、三期

▼**沖縄懇談会**　沖縄の基地所在市町村を対象に、七~八年間で約一〇〇〇億円を投じ、基地の重圧感を緩和してこれとの共生を図ることを目的にしている。座長島田晴雄。

▼**沖縄政策協議会**　沖縄県知事と、首相と北海道開発庁長官(当時)を除く全閣僚による沖縄振興政策の協議機関。

▼**基地返還アクションプログラム**　沖縄県が、一九九六年一月に提起した米軍基地の整理・縮小・撤去計画の素案。

に分けて、基地を段階的に撤去(整理・縮小)していく、というのである。基地返還アクションプログラムには、国際都市形成構想▲がセットになっていた。

この構想は、これまでの振興開発計画の延長線上に、全国総合開発計画と結びつけて、国の膨大な公共資金に依存して国際交流拠点を建設し、これと基地を代替させようというものであった。いいかえれば、政府が難色を示す基地撤去を、政府の財政支援に依存して実現しようというのである。そこに大きな矛盾をはらんでいた。

政府は、基地返還アクションプログラムには曖昧な態度をとりつつ、国際都市形成構想には財政的制度的支援を惜しまないという姿勢を示した。大田知事の公告・縦覧代行応諾以後、基地問題は後景に退き、「一国二制度▲」とか、「全県フリーゾーン構想」といったことばが、地元紙の紙上を賑わすようになった。

その背後でSACOの最終報告が発表され、普天間代替施設移設予定地が名《な》護《ご》市東海岸辺野古《へのこ》沖であることが明らかにされた。これに対して大田知事は、「第一義的には国と地元の問題である」として態度表明を避けた。こうした知事の態度は、普天間代替施設の受け入れに反対してきた名護市長や市議会の反発

▼**国際都市形成構想**　基地跡地を国際交流拠点として開発し、沖縄を一国二制度的規制緩和の先行地域としてその振興を図るというもの。

▼**一国二制度**　もとは香港返還に当たっての、あるいは台湾との統一をめざす中国の政策だが、九〇年代後半、遅々として進まない沖縄の経済発展をめざす言葉として使われはじめた。

をかったが、その市長や市議会も政府がちらつかせる地域振興策の前に、やがて態度を軟化させはじめた。このとき、草の根の民衆一人ひとりの判断を求めて提起されたのが、名護市民投票▲である。

市民投票条例制定請求の署名は、全有権者の四六パーセントに達し、すでに基地受け入れに傾いていた市長や市議会多数派もこれを無視することはできなかった。そこで、基地受け入れの賛否を問う投票を、「振興策や環境対策が期待できるので賛成」とか、「期待できないので反対」といった中間的項目を挿入した四択方式に変更した条例が制定された。それでも名護市民は基地を拒否した。

市民投票の結果は比嘉鉄也《ひがてつや》名護市長に衝撃を与え、一時は基地受け入れ断念を決意したと伝えられたが、結局振興策に期待する地元建設業を中心とする経済界と政府関係者の包囲の中で、市民投票には法的強制力がないことを理由に、基地を受け入れて辞任し政界を引退することを表明した。

比嘉市長の後任を選ぶ名護市長選挙で、比嘉市長の後継者である岸本建男《きしもとたてお》▲候補は、基地受け入れの方針を継承するか否かで窮地に立っていた。しかし投票

▼名護市民投票　一九九七年十二月二十一日に行なわれた名護市民投票では、条件付き賛成派が有権者の約二割を不在者投票に組織動員するなど、政府と一体となって票集めを行なったが、五二・八六パーセントが基地受け入れに反対した。

▼岸本建男　一九七〇年代には、名護市の革新的若手職員のリーダーとして、「真の豊かさとは何か」を問い返す逆格差論を提起して注目されたこともあったが、助役を経て、比嘉鉄也市長の後継者となった。

日直前、大田知事が民意を尊重して基地受け入れを拒否するという態度を明らかにしたことで窮地を脱した。岸本候補は、知事の方針に従うことを明らかにした。あまりにも遅すぎた知事の態度表明であった。

大田知事の取り込みに失敗した政府は、約束した振興策を凍結するなど、知事の孤立化を意図した嫌がらせをはじめた。政府の財政的制度的支援を期待して大田知事と足並みを揃えてきた稲嶺恵一《いなみねけいいち》▲沖縄経営者協会会長をはじめとする沖縄経済界の主流は、こうした状況の変化に狼狽し、知事と袂を分かった。

大田昌秀と稲嶺恵一によって争われた一九九八(平成十)年十一月の知事選挙で稲嶺陣営は、大田知事の頑なな態度が「県政不況」を招いたとして、政府と協調することの必要性を力説した。米軍支配下にあっても、日本国家の中に位置づけられた後も、権力者の政策に依存することによって自らの利益を追求してきた沖縄の経済人にとって、それは生きる上での大前提であった。しかし、政府の方針通り基地を受け入れれば、民衆の支持を得ることはできない。そこで基地に関しては、一定の独自性を強調せざるをえなかった。

すなわち、普天間代替施設については、「撤去可能な海上基地」ではなく、

▼稲嶺恵一　沖縄経営者協会会長として、大田知事とともに一九九五年の一〇・二一県民総決起大会(八七ページ上写真参照)の壇上に並んだこともあるが、政府が大田知事への締めつけを始めると、知事と袂を分かった。

「県民の財産として残る軍民共用空港」を一定の期限付き（一五年）で受け入れること、日米地位協定の見直しを政府に求めることなどを公約した。政府・与党は、投票日直前、小渕恵三《おぶちけいぞう》首相が海上基地見直しを表明するなど、全力を挙げて稲嶺陣営を支援した。

　そして稲嶺が当選すると政府は、ただちに大田が公告・縦覧代行に応じた時の二倍の一〇〇億円の調整費を計上し、凍結していた振興策を具体化させるなど、稲嶺県政のバックアップに乗り出した。ＳＡＣＯ交付金（ＳＡＣＯ合意に基づく基地の移設を受け入れた市町村への特別交付金）や島田懇の提案を受けた基地所在市町村の活性化事業も具体化しはじめた。

　また政府は、日本初の地方サミット（主要国首脳会議▲）の開催地を沖縄（しかも名護）に決定し、アメリカ政府の協力も得て、この国際的イベントを「基地受け入れは世界平和への貢献」であるかのような雰囲気づくりに利用しようとした。

　このような政策展開の中で、稲嶺知事は、自ら普天間代替施設を名護市辺野古沿岸域に受け入れることを名護市長に要請し、名護市長もまた、いくつかの条件をつけた上で、その受け入れに同意した。これを受けて政府は、沖縄県知

▼**主要国首脳会議（サミット）**　一九七五年以来、米英仏独日伊加七カ国の首脳が、毎年各国まわりもちで開催してきたが、現在はロシアも加わり、Ｇ８となっている。日本初の地方開催地が名護市になった（二〇〇〇年七月）。

▼**沖縄平和市民連絡会**　正式名称は「沖縄から基地をなくし世界の平和を求める市民連絡会」。沖縄サミットが、基地受け入れ容認

事や名護市長の意向を尊重するという形式をとって普天間代替施設の辺野古沿岸域移設を閣議決定した。こうして名護市民投票で示された民意は否定された。

対抗サミット運動とブッシュ、小泉政権

一方、サミットが基地問題に利用されることに危機感を抱いた多くの人びとが、サミットを基地に反対する沖縄民衆の声を発信する場に逆転させようと努力した。沖縄平和市民連絡会▲は、四年前（一九九六年）に日米安保共同宣言が発せられた日である二〇〇〇（平成十二）年四月十七日、「沖縄から平和を呼びかける四・一七集会」を開き、世界の平和を愛する民衆に向けて「沖縄民衆平和宣言▲」を発した。この時期沖縄では、数多くのNGO▲による国際会議や交流集会がもたれた。対抗サミット運動の一環として行なわれた国際会議や交流集会は、日本国内に視野を限定すると孤立感を否めない沖縄の反基地闘争が、その孤立感を克服し、自らの運動に確信をもつ上で大きな役割を果たした。こうした運動の集約点として位置づけられるのが、二万七〇〇〇人の人びとの〝人間の鎖〟で極東最大の嘉手納《かでな》米軍基地（八一ページ下写真参照）を包囲した七月二十日の行

の社会的雰囲気づくりに利用されることを懸念した市民団体や個人が一九九九（平成十一）年八月に結成。サミット後も、基地に反対する運動を継続していくことが確認されている。

▼沖縄民衆平和宣言　沖縄戦以後の歴史体験を踏まえて、反戦平和運動・人権擁護運動等を展開してきた沖縄民衆の基本的立場が表明されている。「私たちの願う〝平和〟とは、地球上の人々が、自然環境を大切にし、限られた資源や富をできるだけ平等に分かち合い、決して暴力（軍事力）を用いることなく、異なった文化・価値観・制度を尊重し合って、共生することです」としている。

▼NGO　人権・環境・平和などの分野で活動する民間の国際協力団体（非政府間国際組織）の略称。国連に登録されているだけで一〇〇〇団体を越えるという。

▲動である。かくして、沖縄民衆に軍事同盟と軍事基地を受け入れさせるはずの沖縄サミットは、民衆の軍事同盟と軍事基地に反対する闘いの場に転化した。

　このような民衆運動進展の背景には、もう一つのサミット、すなわち朝鮮半島における南北首脳会談があった。首脳会談実現の背後には南北朝鮮における経済問題等複雑な要因が絡み合っているのは事実だが、韓国の民主化過程で登場した金大中《キムデジュン》大統領のイニシャティブによって実現したこの会談が、東アジアの平和に大きく貢献したことは否定できない。この動きに連動して米朝関係も一定の改善を見、オルブライト米国務長官の平壌《ピョンヤン》訪問も実現した。こうした流れを押し戻したのが、二〇〇一(平成十三)年のブッシュ政権の誕生である。数カ月遅れて日本では小泉純一郎《じゅんいちろう》政権が登場した。

　大統領選挙の開票をめぐる大混乱の末登場したブッシュ政権は、それまでのどの政権にもまして、独善的なアメリカ中心主義の政策をとる。クリントン前政権が進めた米朝関係改善を御破算にし、いわゆる▲九・一一同時多発テロを利用して各国の権力者に「アメリカの味方か、テロの味方か」という踏み絵を踏ませ、アフガン攻撃を皮切りに、対テロ戦争に突入していく。その後を追うよう

▼七・二〇嘉手納基地包囲行動　対抗サミット運動の一つの集約点として組織された二〇〇〇年七月二十日の行動。それ以前にも、「人間の鎖」で基地を包囲するというデモンストレーションは、嘉手納基地で二回、普天間基地で二回行なわれている。

▼九・一一同時多発テロ　二〇〇一年九月十一日、乗っ取られた旅客機によって、ニューヨーク貿易センタービル・米国防総省ビルなどが突入攻撃を受けた事件。

●──沖縄から平和をよびかける４・17集会

21世紀 基地のない島に

各国首脳へ平和願い

嘉手納基地

27000人 手と手で包囲

沖縄サミットきょう開幕

米大統領「礎」で演説へ

サミット別刷り特集

The OKINAWA TIMES
The final 3 pages of this edition are in English.

●──７・20嘉手納基地包囲行動
（『沖縄タイムス』2000年７月21日）

に、日本の歴代政権でもっとも対米追従的な小泉政権は、対テロ特措法を制定し、インド洋に自衛官を出動させ、周辺事態法ですら予測もしていなかったアメリカの軍事行動の後方支援に乗り出した。

二〇〇二(平成十四)年一月、ブッシュ米大統領は、一般教書演説の中で、イラク・イラン・北朝鮮を「悪《あく》の枢軸《すうじく》」と罵倒し、九月の国家安全保障報告で先制攻撃戦略を正当化した。そして翌年三月、国連決議も得られぬまま、大量破壊兵器開発の動かぬ証拠を握っているとして、イギリスとともにイラクへ侵攻した。日本は米英の行動を支持し、イラク支援特措法を制定して、陸上自衛隊をイラクに派遣した。

だが、イラクへの軍事侵攻のころから、圧倒的軍事力を背景とするアメリカの単独行動主義は、破綻し始めていた。国連安保理▲では、独・仏両国をはじめとする国々が米英のイラク侵攻に反対した。そこには、中東における米・英・独・仏の利害関係も反映していたが、ヨーロッパを中心に国境を越えて広がった一〇〇〇万人ともいわれる人びとの反戦デモに表明される民衆の意思とも無関係ではなかった。

▼**国連安保理**　国際連合安全保障理事会のこと。米・英・中・仏・露の五つの常任理事国と、任期二年の非常任理事国からなり、国連で最大の権限を持つ意思決定機関。

圧倒的軍事力でイラクのフセイン政権を打倒し、事実上の勝利宣言(大規模戦闘終結宣言)をしてその矛先を次のターゲットに向けようとしたアメリカは、占領支配に抵抗するイラク民衆の闘いの前に立往生した。大量破壊兵器開発の痕跡も見いだせず、軍事侵攻を正当化する根拠も崩れた。

二〇〇二年九月、小泉首相は、突如、平壌を訪問して日朝首脳会談を行なった。対米追従を旨とする小泉首相のこの行動は、驚きをもって受け止められたが、南北朝鮮の緊張緩和やクリントン政権による米朝改善の動きに取り残されまいとした水面下の努力が実現した時は、国際環境は大きく変化してしまっていたというところだろう。それでも、首脳会談の結果発表された日朝平壌宣言▲は、植民地支配の責任や賠償については、さまざまな問題を残しながらも、日朝国交正常化へ大きく踏み出したこと自体は、多くの韓国民衆にも歓迎された。だが、北朝鮮との緊張関係を日米同盟強化や有事体制の整備に利用しようとする勢力は、いわゆる拉致《らち》問題▲を最大限に利用しながら、逆に北朝鮮への敵対感情を掻き立てることに成功した。数年前には想像もできなかった排外主義的・好戦的ナショナリズムの広がりの中で、有事関連三法▲や有事関連七法▲が次々と

▼**日朝平壌宣言**　訪朝した小泉純一郎日本国総理大臣と金正日《キムジョンイル》朝鮮民主主義人民共和国国防委員長によって確認された、過去の植民地支配の清算、拉致問題の解決、国交正常化に関する共通の認識を表明した宣言。

▼**拉致問題**　北朝鮮の国家機関による日本人拉致事件。北朝鮮当局は、日朝首脳会談でこのことを認め、謝罪した。

▼**有事関連三法**　二〇〇三(平成十五)年六月成立。武力攻撃事態対処法・改正安全保障会議設置法・改正自衛隊法の三つ。

▼**有事関連七法**　二〇〇四(平成十六)年六月成立。国民保護法・米軍行動円滑化法・外国軍用品海上輸送規制法・改正自衛隊法・特定公共施設利用法・捕虜《ほりょ》取扱い法・非人道的行為処罰法の七つ。

●──米軍ヘリが墜落した沖縄国際大学（二〇〇四年八月）

成立していった。

辺野古の闘いと米軍再編

すでに述べたような国際情勢の進展を背景に、政府は、稲嶺《いなみね》県政や岸本名護《なご》市政を巻き込みながら、沖縄サミットから三年半以上時間をかけて、辺野古《へのこ》沖二キロのリーフ上に軍民共用空港を建設する計画をまとめ、二〇〇四（平成十六）年四月、いよいよ現地におけるボーリング調査に着手しようとした。そして当然にも、住民・市民の阻止行動に直面した。政府が時間をかけて条件付き基地容認派のさまざまな利害を調整して新基地建設の準備を進めている間に、こうした調整過程から疎外されていた一般民衆の間には、もはや辺野古への新基地建設は〝非現実的〟という認識が広がっていた。七月には、参院選が予定されていたが、共同通信と『琉球新報』の世論調査では、辺野古基地建設反対が六割、支持は一割であった。こうした政治的雰囲気の中で、政府は、住民・市民の阻止線強行突破をためらっていた。そんな膠着状態の中で、普天間《ふてんま》基地に隣接する沖縄国際大学に米軍ヘリが墜落した。「世界一危険な基地」からの「最後の警告」であった。

　この墜落事故に尻を叩かれるように、那覇防衛施設局▲は、辺野古漁港に座り込む住民・市民を迂回して、はるか南の港から大型作業船を出してボーリング調査に着手しようとした。辺野古漁港からは、座り込んでいた人びとが小型船やカヌーで海に漕ぎ出してこれと対峙し、海上における攻防が始まった。『朝日新聞』と『沖縄タイムス』の世論調査によると、この時期、辺野古新基地反対の世論は、八一パーセントに達していた。海上の攻防は約一年続いたが、那覇防衛施設局は、一カ所のボーリングを行なうこともできなかった。海上に建てられた調査のための四つの櫓《やぐら》は、座り込み闘争の場になった。座り込みの参加者は、組織や団体の動員によるものではなく、すべて個人で、それぞれが、自分の健康状態や生活条件に合わせて参加していた。その意味で、辺野古の闘いは、「個の志の集合体」によって担われていた。もう一つの特徴は、物を壊さず、暴力にも物理的に反撃はせず、言葉の上でも挑発的な言辞は慎むという徹底的な非暴力主義にあった。

　海上の闘いの背後では、日米両政府による在日米軍再編協議▲が続けられてい

▼**那覇防衛施設局**　現在は、沖縄防衛局という。防衛省の沖縄の出先機関。

▼**在日米軍再編協議**　アメリカが、「対テロ戦争」に軸足を移すことによってはじめられた世界的米軍再編の一環としての在日米軍再編に関する日米協議。

た。「対テロ戦争」に舵《かじ》を切ったアメリカは、見えざる敵に対処するため、世界的な米軍再配置や兵力構成の見直しを必要としていた。仮想敵国を重厚長大な基地で包囲するよりも、小規模な米軍拠点のネットワーク化、同盟国の軍隊や民間軍事会社の活用等が重視された。在日米軍再編協議は、そうした政策転換の一環であった。こうして、二〇〇五（平成十七）年十月、「日米同盟　未来のための変革と再編」▲が発表され、翌〇六（平成十八）年五月、「再編実施のための日米のロードマップ」▲が発表された。アジア太平洋地域においては、米領グアムをハブ（中心拠点）として、沖縄・岩国《いわくに》・厚木《あつぎ》・座間《ざま》などをネットワークとして結び、米日両軍の役割分担と一体化を推し進めるというのである。軍事戦略上の沖縄の地位は相対的には低下しつつあったが、沖縄の負担軽減（沖縄からの海兵隊の一部のグアム移転など）を口実に、グアムの米軍基地建設への日本の財政資金投入を正当化するといった利用価値は高まっていた。

辺野古の新基地は、米軍再編協議の中で見直されることになった。沿岸沖二キロのリーフ上に飛行場をつくるということは、阻止派の行動がなくとも、きわめて大きい技術的難点があった。政府と沖縄県と名護市が合意した一五年使

▼**「日米同盟　未来のための変革と再編」**　二〇〇二年十二月の日米安全保障協議委（通称2＋2）でスタートした米軍再編協議の中間報告。日米の役割分担と軍事的一体化が具体化されている。辺野古については、沖合二キロの軍民共用空港をL字型沿岸案に変更。

▼**「再編実施のための日米のロードマップ」**　前年中間報告が発表された再編案の工程表。辺野古は、L字案からV字案に変更。

用期限といった制約条件を米軍側が受け入れるはずもなかった。日米両政府は、稲嶺知事や岸本市長との約束を破棄して旧来案を御破算にし、沖縄県や名護市の頭越しに新基地の位置を沿岸部に引き寄せた。稲嶺知事や岸本市長はこのやり方に反発したが、後継の仲井《なかい》眞《ま》弘多《ひろかず》知事や島袋《しまぶくろ》吉和《よしかず》市長は、政府の圧力や懐柔によって、新基地をどの程度沖合に移動するかという条件闘争に入った。

政権交代から東日本大震災へ

政府は、海上自衛隊の掃海母艦「ぶんご」を辺野古沖に出動させ、新基地建設に必要な環境アセスメント▲のための観測機器の設置に自衛隊の潜水夫を動員したり、米軍基地キャンプ・シュワブから海上保安庁を出動させて反対派の小舟に嫌がらせをしたり、従来にない強引な手段を使って新基地建設を推し進めようとして民衆の反発をかった。また、電源（原発）交付金をモデルに米軍再編推進特措法▲を制定し、関連自治体の協力度に応じて、出来高払いの交付金を支給する制度を整備した。

こうした状況の中で、沖縄の世論を揺るがしたのは、「集団自決」（一七ページ

▼**環境アセスメント**　環境に影響を与える大規模事業の事業者に義務付けられている環境影響評価のこと。

▼**米軍再編推進特措法**　米軍再編を効果的に推進するため、基地を受け入れた自治体、あるいはその影響を受けると政府が認定した自治体に、出来高払いで交付金を支給するという法律。

参照）への日本軍の直接的関与を教科書から削除するよう指示した文部科学省の検定意見である。その背後には、米軍再編のパートナーとして、「戦後レジームから脱却」した「美しい国」作りを唱える安倍《あべ》政権の成立があった。安倍晋三《しんぞう》首相は、いわゆる従軍慰安婦《じゅうぐんいあんふ》問題について、日本軍の直接的関与を否定する発言を行なっているが、この発言と先の教科書検定意見は、表裏一体の関係にあるといえる。

戦後六〇年余にわたって膨大な軍事基地を押し付けられながら、平和的未来を求め続けてきた沖縄民衆史の原点は、沖縄戦の体験にあった。その歴史的事実を否定する教科書検定意見は、沖縄民衆の感情を逆なでした。二〇〇七（平成十九）年九月二十九日の教科書検定意見撤回要求県民大会には、一九九五年の県民大会をはるかに上回る一〇万余の民衆が参加した。もはや新基地建設など、不可能であった。

また、戦後一貫して従属的対米関係を深めながら、今やその制約枠となった憲法改正をも意図する自民党主導の政権に対して、国民全体の危機感も深まりつつあった。奇しくも、自民党が「新憲法草案」を発表したのは、「日米同盟未来のための変革と再編」が発表される前日であった。かくして、二〇〇九(平成二十一)年八月の総選挙の結果、九月に政権交代が実現した。民主党鳩山由紀《はとやまゆき》夫《お》政権の誕生である。鳩山政権は、過度に従属的な対米関係を多少なりとも是正し、日米関係を対等化する方向へ踏み出そうとしていた。インド洋における自衛艦の給油活動の停止、東アジア共同体の提唱、辺野古新基地建設の見直しなどは、その具体的第一歩であった。アメリカにオバマ政権▲が誕生したことも関係改善に望みを抱かせた。

だが、政権交代への期待感と高揚感は、ひと月足らずで崩れ始めた。ゲーツ米国防長官の来日がそのきっかけであった。ゲーツ長官は、岡田克也《かつや》外相に対し、「辺野古案が最善」とくぎを刺した。ブッシュ共和党政権後半期の国防長官だったゲーツは、そのままオバマ民主党政権の国防長官に横滑りしていた。米軍再編協議を担った米側の陣営は、基本的に変化していなかったのである。

米側と協力して在日米軍再編案をまとめた日本側の外務・防衛官僚等にも同じことがいえた。彼らは政権交代後の変化の様子見をしていたが、米側の動きに勇気を得て、担当大臣の取り込みに力を注いだ。脱官僚を旗印にしていた岡

▼**オバマ政権**　二〇〇九年一月に発足した米国初のアフリカ系民主党大統領バラク・オバマを中心とする政権。共和党のブッシュ前政権とは、外交面でも内政面でも対極的な政策をとるものと期待されたが、対日政策に大きな変化はみられなかった。

▼稲嶺進　沖縄返還直前からの名護市職員。二〇〇八年教育長を最後に退職。市政改革を求める保革市議らによって市長候補にかつぎ出された。

田外相・北澤俊美《きたざわとしみ》防衛相・前原誠司《まえはらせいじ》国交相（沖縄担当相）らは、じりじりとその見解を後退させ始めていた。一人鳩山首相のみが、普天間代替施設は「国外、最低でも県外」という「思い」にこだわっていた。一方、対米従属的日米関係を自明の前提として惰性的議論を展開していたジャーナリズムは、「アメリカを怒らせたら日米同盟に傷がつく」と、鳩山政権に集中砲火を浴びせた。

沖縄は、戦後の日米関係が、構造的沖縄差別の上に持続してきたことを実感しているらしい首相の登場に活気づいていた。これまで政府の圧力と利益誘導で条件付き県内移設容認派の立場をとってきた自民党沖縄県連や公明党沖縄県本部が、県外移設へ方針を一八〇度転換させた。日米安保が必要なら基地負担も平等であるべきだ、というわけである。そうでなくとも、もはや県内移設容認では、選挙民の支持を得ることは不可能だった。

二〇一〇（平成二十二）年一月に行なわれた名護市長選挙では、県内移設容認派の島袋現職市長が敗退し、「海にも陸にも基地はつくらせない」と主張する稲《いな》嶺進《みねすすむ》▲が新市長に当選した。二月には、沖縄県議会が、全会一致で「県外移設」を決議した。四月二十五日には、一九九五年十月や二〇〇七年九月に匹敵する大

11万6000人結集　検定撤回要求

「軍強制記述回復」を決議

復帰後で最大　文科省を批判

野党、国会で追及へ

「重く受け止める」

日本ハム連覇

●――教科書検定意見撤回要求県民大会を報じる記事（『琉球新報』2007年 9 月30日）

号外

琉球新報

THE RYUKYU SHIMPO

2010年（平成22年）

4月25日（日）

国外・県外を要求

普天間返還で県民大会

大会スローガン

●――県外移設要求県民大会を報じる記事（『琉球新報』二〇一〇年四月二十五日号外）

県民大会が開かれた。沖縄は、鳩山首相を全力で支援した。

だが鳩山首相は、沖縄の圧倒的世論を背景に対米交渉を行なうのではなく、問題を振り出しに戻そうとする閣僚・官僚・マスメディアなどの包囲網に膝を屈し、五月二十八日、問題を振り出しに戻すことを再確認する日米合意を行ない、六月二日、辞任した。

鳩山政権の後を受けた菅直人《かんなおと》政権は、政権交代の理念を見失って七月の参院選で敗北、参院では少数与党となって国会運営も難航することになった。九月には尖閣諸島《せんかくしょとう》海域で中国漁船と、海上保安庁の巡視船の衝突事件が起こり、中国との間に緊張が高まった。こうした中、十一月には、沖縄県知事選挙が行なわれた。

これまで沖縄の県知事選挙は、条件付き基地受け入れ容認派と、反対派の間で争われた。だが今回は、基地の県外移設派の現職知事と、安保反対・基地撤去派の伊波洋一《いはよういち》前宜野湾《ぎのわん》市長で争われることになった。現職の仲井眞弘多知事は、前回は条件付き基地受け入れ容認派として立候補したが、今回は、支持母体の自民党県連や公明党県本部の方針に従って、県外移設派として立候補し、当選した。民主党政権は、知事がかつては条件付き容認派だったことに期待を寄せているが、膠着状態は解消されていない。こうした状態に苛立った米国務省のメア日本部長が、「沖縄の人はごまかしとゆすりの名人」「日本政府は沖縄の知事に対して〈もしお金がほしいならサインしろ〉という必要がある」などと発言し、ルース駐日米大使が謝罪のために来沖する騒ぎとなった。メアは日本部長を更迭されたが、その直後の三月十一日、東日本大震災が発生し、この問題はうやむやになってしまった。

だが、東日本大震災、とりわけ福島の原発事故は、もう一つの構造的差別を浮き彫りにした。原発が、財政状況が苦しい過疎地の地方自治体に、交付金とともに押し付けられ、そこから生み出された電力が、日本の「豊かさ」を支えていたという現実である。それは、辺境に押し付けた軍事基地で「日本の平和が守られている」という現実と共通する。それが「真の豊かさ」「真の平和」であろうか。東日本大震災はそのことを問いかけている。その問いに答えるところからしか、新しい日本は見えてこないだろう。日本は変わらなければならない。

年	沖縄	日本・世界
2000	沖縄民衆平和宣言。沖縄サミット。嘉手納基地包囲行動。グスク関連遺産群，世界遺産に	朝鮮半島南北首脳会談成る。中東和平会談決裂
2001	米軍基地警護機動隊来沖。代替施設辺野古リーフ上合意	ブッシュ政権，小泉政権成立。9・11同時多発テロ。米，アフガン攻撃。対テロ特措法
2002	在日米軍再編協議開始	日朝平壌宣言
2003	宜野湾市長に伊波洋一当選	米，イラク攻撃。有事関連3法
2004	米軍ヘリ墜落。辺野古沖ボーリング調査阻止	有事関連7法
2005	稲嶺知事・岸本名護市長，沿岸案受け入れ拒否	「日米同盟　未来のための変革と再編」
2006	名護市長に島袋吉和，沖縄県知事に仲井眞弘多当選	「再編実施のための日米のロードマップ」。北朝鮮核実験
2007	教科書検定意見撤回要求県民大会	米軍再編推進特措法
2009	グアム移転協定	オバマ政権，鳩山政権成立
2010	稲嶺進名護市長当選。米軍基地県外移設要求県民大会	5・28日米合意。鳩山政権崩壊。尖閣沖中国漁船衝突事件
2011		東日本大震災
2012		(第2次)安倍政権成立

年	沖縄	日本・世界
1963	バス共闘50日スト	部分的核実験停止条約成立
1964	主席公選自治権獲得県民大会	トンキン湾事件
1965	Ｂ52，沖縄からベトナム爆撃。佐藤首相，沖縄訪問	米，ベトナム内戦に全面介入。日韓基本条約調印
1966	佐藤首相，沖縄防衛論を述べる	中国で文化大革命
1967	外務次官，核つき返還論提起。教公２法阻止闘争	第３次中東戦争。米，史上最大の黒人暴動。佐藤首相，南ベトナム訪問
1968	Ｂ52，嘉手納へ常駐化。全軍労10割年休闘争。初の主席選挙で屋良朝苗当選	ベトナムでテト攻勢。核拡散防止条約。ソ連等５カ国軍，チェコ侵入
1969	２・４ゼネスト挫折。いのちを守る県民総決起大会。佐藤・ニクソン共同声明	アポロ11号，月面着陸成功
1970	国政参加選挙。コザ暴動	
1971	返還協定粉砕全県ゼネスト。返還協定採決，公用地法制定。反戦地主会結成	ニクソン，訪中発表。ドル防衛非常事態宣言
1972	全軍労無期限スト。沖縄返還	日中国交回復
1973	県道封鎖の実弾砲撃演習開始。ＣＴＳに反対する「金武湾を守る会」結成	ベトナム和平協定。金大中事件。第１次オイルショック
1975	沖縄国際海洋博覧会（７月～1976年１月）	ベトナム統一
1977	公用地法期限切れ（強制使用に法的空白）	
1978	全軍労，全駐労と組織統一	「日米防衛協力のための指針」策定
1980	沖縄で米軍用地特措法発動	韓国，光州民衆蜂起
1981		日米共同声明，はじめて同盟関係明記
1982	嘉手納爆音訴訟。一坪反戦地主会結成	歴史教科書検定問題化
1985	文部省，「日の丸」「君が代」促進の通達	ゴルバチョフ，ソ連共産党書記長に
1987	海邦国体。「日の丸」焼却事件	インティファーダ始まる
1989	都市型ゲリラ訓練施設建設反対闘争	米ソ，マルタ会談。米，パナマ侵攻
1991		湾岸戦争。ソ連崩壊
1993	天皇・皇后，植樹際で初来沖	イスラエルＰＬＯ暫定自治合意
1995	少女暴行事件・抗議県民総決起大会	北京国際女性会議
1996	日米安保共同宣言。ＳＡＣＯ最終報告	ゲリラ，ペルー日本大使公邸占拠
1997	米軍用地特措法改定。名護市民投票	日米新ガイドライン策定
1998	名護市長に岸本建男，沖縄県知事に稲嶺恵一当選	北朝鮮，人工衛星打ち上げ実験・金大中韓国大統領訪日
1999	米軍用地特措法再改定。平和祈念資料館展示内容改竄問題	新ガイドライン関連法。国旗・国歌法。盗聴法制定

●—沖縄近現代史略年表

年	沖縄	日本・世界
1853	ペリー来航(5月)	ペリー来航(7月)
1871	台湾事件	廃藩置県
1872	琉球藩設置	
1873		徴兵令・地租改正
1874	台湾出兵	
1876		秩禄処分
1877		西南戦争
1879	廃藩置県(琉球処分)	
1880	分島・改約問題	
1889		大日本帝国憲法発布
1890		第1回衆議院議員選挙・教育勅語
1894		日清戦争(～1895年)
1898	徴兵令	
1899	沖縄県土地整理法公布	
1904		日露戦争(～1905年)
1910	秩禄処分	韓国併合
1912	第11回衆議院議員選挙(含む沖縄)	
1914		第1次世界大戦(～1918年)
1920	県制・町村制の特例廃止	
1925		普通選挙法・治安維持法
1931		満州事変
1932	沖縄県振興15年計画	
1937		盧溝橋事件(日中全面戦争へ)
1941		米英に宣戦布告
1945	沖縄戦・ニミッツ布告	ポツダム宣言受諾
1946	北緯30度線以南分離を含むＧＨＱ覚書	日本国憲法制定
1947	沖縄に関する天皇メッセージ	日本国憲法施行(5月3日)
1949	米国家安全保障会議，沖縄保有を決定	中華人民共和国成立
1950	米軍政府，米民政府に改称	朝鮮戦争(～1953年)。警察予備隊令
1952	琉球政府発足	対日平和条約・日米安保条約発効
1954	米大統領，沖縄無期限保有宣言	自衛隊発足
1955	伊江島・伊佐浜闘争	砂川闘争。保守合同(自民党結成)
1956	島ぐるみ闘争。瀬長那覇市長当選	日ソ国交回復・国連加盟
1957	米大統領行政命令。瀬長追放	ソ連，スプートニク1号打ち上げ成功
1958	通貨のドル切り替え	
1959	米軍機，石川市宮森小学校に墜落	キューバ，カストロ，バチスタ政権打倒
1960	復帰協結成。米大統領沖縄訪問	安保条約改定。韓国4月革命
1961	全沖労連，全軍労連結成	韓国で軍事クーデタ
1962	立法院2・1決議(植民地解放宣言を引用)	キューバ危機

④—沖縄返還とは何であったか

河野康子『沖縄返還をめぐる政治と外交』東京大学出版会, 1994年
三木健『ドキュメント・沖縄返還交渉』日本経済評論社, 2000年
我部政明『沖縄返還とは何だったのか』ＮＨＫブックス, 2000年
宮里政玄『日米関係と沖縄』岩波書店, 2000年

⑤—「沖縄問題」の解決と日本の将来

沖縄県知事公室『沖縄の米軍基地』, 1998年
ＮＨＫ沖縄放送局『“隣人”の素顔 ── フェンスの内側から見た米軍基地』ＮＨＫ出版協会, 2000年
新崎盛暉『新版　沖縄・反戦地主』高文研, 1996年
阿波根昌鴻『命こそ宝　沖縄反戦の心』岩波新書, 1992年
島袋善祐・宮里千里『基地の島から平和のバラを』高文研, 1997年
鹿野政直『戦後沖縄の思想像』朝日新聞社, 1987年
岡本恵徳『沖縄文学の情景』ニライ社, 2000年
知花昌一『焼きすてられた日の丸』新泉社, 1988年
新崎盛暉・天野恵一『本当に戦争がしたいの!?』凱風社, 1999年
東海大学平和戦略国際研究所『日米安保と沖縄』社会評論社, 1997年
大田昌秀『沖縄の決断』朝日新聞社, 2000年
来間泰男『沖縄経済の幻想と現実』日本経済評論社, 1989年
新崎盛暉『沖縄同時代史』全10巻・別巻１, 凱風社, 1992〜2005年
新崎盛暉『沖縄のこれから』ポプラ社, 1999年
宮本憲一・西谷修・遠藤誠治『普天間問題から何が見えてきたか』岩波書店, 2010年

●—写真所蔵・提供者一覧（敬称略，五十音順）

赤嶺政賢事務所・那覇市市民文化部歴史資料室　p. 43下
アテネ書房　p. 25
阿波根昌鴻・沖縄県立図書館　p. 47中, 47下
Ｗ．Ｐ．Ｅ　カバー表, 81下
沖縄県公文書館　p. 11中, 40
沖縄県平和祈念資料館　カバー裏
沖縄タイムス社　p. 43上, 51, 57上, 64, 69, 73上, 77, 81上, 87, 97下
沖縄平和市民連絡会　p. 97上
独立行政法人国立公文書館　p. 7
那覇市市民文化部歴史資料室　p. 9, 11上
毎日新聞社　扉, p. 21中
読売新聞社　p. 100
琉球新報社　p. 47上, 73下, 107
協力：我部政男

●──参考文献

沖縄大百科事典刊行事務局『沖縄大百科辞典』全３巻・別巻１，沖縄タイムス社，1983年
「沖縄を知る事典」編集委員会『沖縄を知る事典』日外アソシエーツ，2000年
沖縄県教育委員会『概説　沖縄の歴史と文化』，2000年
安里進・高良倉吉・田名真之・豊見山和行・西里喜行・真栄平房昭『沖縄県の歴史』山川出版社，2005年
金城正篤・上原兼善・秋山勝・仲地哲夫・大城将保『沖縄県の百年』山川出版社，2005年
新崎盛暉『沖縄の素顔 PROFILE OF OKINAWA』テクノ，2000年
新城俊昭『琉球・沖縄史』東洋企画，2001年
中野好夫・新崎盛暉『沖縄戦後史』岩波新書，1976年
新崎盛暉『沖縄現代史　新版』岩波新書，2005年
我部政明『戦後日米関係と安全保障』吉川弘文館，2007年
屋嘉比収『沖縄戦、米軍占領史を学びなおす』世織書房，2009年

①─近代日本と沖縄

金城正篤『琉球処分論』沖縄タイムス社，1978年
大田昌秀『近代沖縄の政治構造』勁草書房，1972年
新崎盛暉『沖縄現代史への証言』沖縄タイムス社，1982年
大城将保『改訂版　沖縄戦』高文研，1988年
仲宗根政善『ひめゆりの塔をめぐる人々の手記』角川文庫，1982年
沖縄タイムス『鉄の暴風』，1950年
海野福寿・権丙卓『恨 ── 朝鮮人軍夫の沖縄戦』河出書房新社，1897年
川田文子『赤瓦の家 ── 朝鮮から来た従軍慰安婦』筑摩書房，1987年
宮城晴美『新版　母の遺したもの』高文研，2008年

②─日本国憲法の成立と憲法なき沖縄

古関彰一『新憲法の誕生』中公文庫，1995年
古関彰一「沖縄にとっての日本国憲法」『法律時報』1996年11月号
竹前栄治・岡部史信『憲法制定史』〈シリーズ日本国憲法・検証〉小学館文庫，2000年

③─日本の独立と米軍政下の沖縄

豊下楢彦『安保条約の成立』岩波新書，1996年
阿波根昌鴻『米軍と農民 ── 沖縄県伊江島』岩波新書，1973年
沖縄タイムス社『沖縄の証言』上・下，1971・73年
沖縄タイムス社『沖縄戦後生活史』1998年
松田賀孝『戦後沖縄社会経済史』東京大学出版会，1981年
琉球銀行調査部『戦後沖縄経済史』1984年

日本史リブレット66

現代《げんだい》日本《にほん》と沖縄《おきなわ》

2001年９月16日　１版１刷　発行
2024年12月20日　２版４刷　発行

著者：新崎盛暉《あらさきもりてる》

発行者：野澤武史

発行所：株式会社 山川出版社

〒101－0047　東京都千代田区内神田１－13－13
電話 03(3293)8131(営業)
03(3293)8135(編集)
https://www.yamakawa.co.jp/

印刷所：信毎書籍印刷株式会社

製本所：株式会社 ブロケード

装幀：菊地信義

ISBN 978-4-634-54660-8
・造本には十分注意しておりますが，万一，乱丁・落丁本などが
ございましたら，小社営業部宛にお送り下さい。
送料小社負担にてお取替えいたします。
・定価はカバーに表示してあります。

日本史リブレット 第Ⅰ期［68巻］・第Ⅱ期［33巻］ 全101巻

1 旧石器時代の社会と文化
2 縄文の豊かさと限界
3 弥生の村
4 古墳とその時代
5 大王と地方豪族
6 藤原京の形成
7 古代都市平城京の世界
8 古代の地方官衙と社会
9 漢字文化の成り立ちと展開
10 平安京の暮らしと行政
11 蝦夷の地と古代国家
12 受領と地方社会
13 出雲国風土記と古代遺跡
14 東アジア世界と古代の日本
15 地下から出土した文字
16 古代・中世の女性と仏教
17 古代寺院の成立と展開
18 都市平泉の遺産
19 中世に国家はあったか
20 中世の家と性
21 武家の古都、鎌倉
22 中世の天皇観
23 環境歴史学とはなにか
24 武士と荘園支配
25 中世のみちと都市
26 戦国時代、村と町のかたち
27 破産者たちの中世
28 境界をまたぐ人びと
29 石造物が語る中世職能集団
30 中世の日記の世界
31 板碑と石塔の祈り
32 中世の神と仏
33 中世社会と現代
34 秀吉の朝鮮侵略
35 町屋と町並み
36 江戸幕府と朝廷
37 キリシタン禁制と民衆の宗教
38 慶安の触書は出されたか
39 近世村人のライフサイクル
40 都市大坂と非人
41 対馬からみた日朝関係
42 琉球の王権とグスク
43 琉球と日本・中国
44 描かれた近世都市
45 武家奉公人と労働社会
46 天文方と陰陽道
47 海の道、川の道
48 近世の三大改革
49 八州廻りと博徒
50 アイヌ民族の軌跡
51 錦絵を読む
52 草山の語る近世
53 21世紀の「江戸」
54 近代歌謡の軌跡
55 日本近代漫画の誕生
56 海を渡った日本人
57 近代日本とアイヌ社会
58 スポーツと政治
59 近代化の旗手、鉄道
60 情報化と国家・企業
61 民衆宗教と国家神道
62 日本社会保険の成立
63 歴史としての環境問題
64 近代日本の海外学術調査
65 戦争と知識人
66 現代日本と沖縄
67 新安保体制下の日米関係
68 戦後補償から考える日本とアジア
69 遺跡からみた古代の駅家
70 古代の日本と加耶
71 飛鳥の宮と寺
72 古代東国の石碑
73 律令制とはなにか
74 正倉院宝物の世界
75 日宋貿易と「硫黄の道」
76 荘園絵図が語る古代・中世
77 対馬と海峡の中世史
78 中世の書物と学問
79 史料としての猫絵
80 寺社と芸能の中世
81 一揆の世界と法
82 戦国時代の天皇
83 日本史のなかの戦国時代
84 兵と農の分離
85 江戸時代のお触れ
86 江戸時代の神社
87 大名屋敷と江戸遺跡
88 近世商人と市場
89 近世鉱山をささえた人びと
90 「資源繁殖の時代」と日本の漁業
91 江戸の浄瑠璃文化
92 江戸時代の老いと看取り
93 近世の淀川治水
94 日本民俗学の開拓者たち
95 軍用地と都市・民衆
96 感染症の近代史
97 陵墓と文化財の近代
98 徳富蘇峰と大日本言論報国会
99 労働力動員と強制連行
100 科学技術政策
101 占領・復興期の日米関係